Grundlagen der Bewegungswissenschaft und -lehre

W0233284

Reihe: Grundlagen der Sportwissenschaft
(Hrsg. Norbert Olivier & Ulrike Rockmann)

Grundlagen der
Bewegungswissenschaft und -lehre

Norbert Olivier
Ulrike Rockmann

Bibliografische Information Der Deutschen Bibliothek
Die Deutsche Bibliothek verzeichnet diese Publikation in der Deutschen
nationalbibliograpfie; detaillierte bibliografische Daten sind im Internet über
http://dnb.ddb.de abrufbar.

Bestellnummer: 9111

Gesamtherstellung in der Hausdruckerei des Verlages
Texterfassung und Reinschrift: Norbert Olivier, Ulrike Rockmann, Regina Kern
Erschienen als Band 1 der Reihe Grundlagen der Sportwissenschaft

Printed in Germany ISBN 3-7780-9111-5

Inhaltsverzeichnis

Vorwort zu den „Grundlagen der Sportwissenschaft"

Die Wurzeln von *ILIS* („*I*nternet-*L*ehrbuch-*I*ntegration in der Sportwissenschaft") liegen in Augsburg und Oldenburg. Während Ulrike Rockmann in Oldenburg eines der ersten regulären online-Seminare in der Sportwissenschaft durchführte, entwickelte Norbert Olivier in Augsburg schriftliche Lehrmaterialien zu den Grundlagenvorlesungen in der Bewegungs- und Trainingswissenschaft.

Unterstützt durch die Anregung vieler Studentinnen und Studenten entstand in Augsburg die Idee, aus den schriftlichen Lehrmaterialien, die über das Internet zugänglich waren, Lehrbücher für die Sportwissenschaft zu entwickeln und die Lehrbuch-Inhalte mit ergänzenden Internet-Lehrmaterialien zu kombinieren. In Paderborn wurde diese Idee als Internet-Vorlesung-Integration probeweise umgesetzt.

In Oldenburg wurden in der gleichen Zeit durch intensive Forschungs- und Entwicklungsarbeiten in verschiedenen Projekten, die auch über die Sportwissenschaft hinausgingen, die bestehenden Konzepte zur Gestaltung und Durchführung von online-Kursen weiterentwickelt.

Aus der Integration beider Entwicklungslinien entstand die Projektidee für *ILIS*. Mit dem Hofmann-Verlag wurde ein starker Partner gefunden.

Die Grundkonzeption sieht vor, dass die Lehrinhalte, die für ein Grundstudium der Sportwissenschft längerfristig als wichtig erachtet werden, in den Lehrbüchern in einer für die Adressaten verständlichen Sprache und didaktisch gut aufbereitet dargestellt werden. In den zusätzlich angebotenen online-Kursen werden diese Inhalte aufgegriffen, erweitert und aktualisiert (www.sportwissenschaft-akademie.de). Die Lehrbuch- und Internet-Inhalte der gesamten Reihe werden integriert bearbeitet. Sie sind vernetzt und es wird durch Verweise auf die jeweiligen Kapitel, Internet-Materialien und anderen Bücher der Reihe aufmerksam gemacht.

Der Integrations-Anspruch verlangt eine intensive Zusammenarbeit der beteiligten Autoren, die in regelmäßigen Redaktionssitzungen realisiert wird. Neben den Herausgebern der Reihe nehmen daran Petra Gieß-Stüber für die Sportpädagogik und Jörn Munzert für die Sportpsychologie teil. Um überzogene Ansprüche von sinnvollen und realisierbaren Ansprüchen besser unterscheiden zu können und um die Einhaltung der einmal vereinbarten Ansprüche zu kontrollieren, konnte Jürgen Kothy gewonnen werden. An der Planung und Durchführung aller für die Entwicklung und Begleitung der online-Kurse notwendigen Arbeiten ist Claudia Reiter wesentlich beteiligt. Letztlich ist es dieses Team, das die bestehende didaktische Grundkonzeption der Internet-Lehrbuch-Integration für die einzelnen Bände der Lehrbuchreihe und die online-Kurse konkretisiert.

Unser Dank gilt deshalb allen Mitgliedern des Teams. Ohne die Bereitschaft zur intensiven fachlichen und überfachlichen Zusammenarbeit und ohne die kommunikative Kompetenz unseres „Controllers" wäre der Start der „Grundlagen der Sportwissenschaft" im September 2003 nicht möglich gewesen.

Norbert Olivier und Ulrike Rockmann
Paderborn und Oldenburg im Juni 2003

Vorwort zu den „Grundlagen der Bewegungswissenschaft und -lehre"

Das sportliche Bewegen stellt sicherlich das Kernstück des Sporttreibens dar. Nicht umsonst gehört deshalb die „Bewegungswissenschaft und -lehre" zu den zentralen sportwissenschaftlichen Disziplinen. Das Phänomen menschlichen Bewegens tritt jedoch nicht nur im Sport auf sondern ist ebenso in anderen Wissenschaften Gegenstand des Erkenntnisstrebens.

Obwohl das menschliche Bewegen bislang noch nicht in allen Details erforscht wurde, haben die beteiligten Wissenschaften eine Fülle von Erkenntnissen bereitgestellt. Die Autoren haben hieraus die Ihrer Meinung nach für ein Grundstudium der Sportwissenschaft wichtigsten Erkenntnisse zusammengestellt. Die gründliche didaktische Aufbereitung orientiert sich an den Vorkenntnissen von Studienanfängern. Weitergehende naturwissenschaftliche Kenntnisse sind zum Verständnis nicht notwendig.

Zu diesem Buch wird ein ergänzender online-Kurs angeboten (www.sportwissenschaft-akademie.de). In den „Hinweisen zur Nutzung des Buches und des online-Kurses" wird darauf näher eingegangen.

Buch und online-Kurs hätten ohne die Hilfe vieler kompetenter Menschen nicht fertig gestellt werden können. Der Hofmann-Verlag ermöglichte das Projekt durch sein Vertrauen in die Autoren. Wir bedanken uns außerdem für die gelungene Gestaltung des Einbandes und viele Detailhinweise zur Buchgestaltung. Unser Dank gilt auch Regina Kern für die Unterstützung bei der Erstellung der vielen vorläufigen Manuskripte sowie Andrea Bühnemann, Christoph Duntz, Britta Ernst, Carolin Köster, Silja Meier und Martina Telljohann für die Produktion des größten Teils der Abbildungen und die Durchführung vieler umfangreicher Kontroll- und Korrekturarbeiten. Besonderen Dank verdienen Claudia Reiter für die organisatorische Unterstützung des gesamten Projekts, Jürgen Kothy für die unermüdliche Sicherstellung der vereinbarten Qualitätskriterien und die kreativen Gestaltungshinweise sowie Klaus Blischke für die inhaltlichen Diskussionen.

Norbert Olivier und Ulrike Rockmann
Laax und Berlin im Juni 2003

Hinweise zur Nutzung des Buches und des online-Kurses

Das Buch „Grundlagen der Bewegungswissenschaft und -lehre" ist das erste der Reihe „Grundlagen der Sportwissenschaft". Weitere Bände, deren Erscheinen für das Jahr 2004 geplant ist, werden die Grundlagen der Trainingwissenschaft und -lehre, Sportpsychologie, Sportpädagogik sowie Grundlagen sportwissenschaftlicher Forschungsmethoden behandeln. Zu jedem dieser Bände wird im Internet ein online-Kurs angeboten (http://www.sportwissenschaft-akademie.de).

Buch und online-Kurs sind so konzipiert, dass nicht notwendigerweise beide Medien genutzt werden müssen. Das Ziel des Konzepts ist es jedoch, die Potentiale beider Medien zur Darstellung der Informationen integrativ zu nutzen. Das Lernen mit beiden Medien wird deshalb empfohlen. Um den Bezug zwischen den Medien schneller herstellen zu können, sind die Kapitelgliederungen und Bezeichnungen in Buch und Internet identisch. Die zentralen Aussagen zu Theorie und Praxis finden sich in beiden Medien (s. Abb.). Das Gleiche gilt für die Abbildungen.

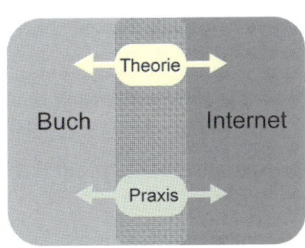

Buch-Internet-Integration

Der online-Kurs enthält darüber hinaus

- Videos, Animationen und Simulationen zu den im Buch beschriebenen Inhalten,
- Vertiefungen und Aktualisierungen zu geeigneten Themenbereichen
- Beschreibungen von Untersuchungen und empirischen Befunden, aus denen die im Buch enthaltenen zentralen Aussagen abgeleitet wurden,
- Kontrollfragen zu den Inhalten aus Buch und Internet, anhand derer das vorhandene und neu erworbene Wissen überprüft werden kann,
- ein Glossar, in welchem wichtige Begriffe kurz erklärt bzw. definiert werden
- Literaturlisten, die weiterführende Lese-Empfehlungen geben.

Die Verweise auf das Internet sind im Buch blau gedruckt und am Buchrand mit einer Kennung versehen. Alle Verweise auf das Internet beginnen mit www. Im Beispielverweis wird auf das Kapitel 4.4.2.2 im Internet verwiesen.

www4422a   „... anderer Gegenstand sein, solange die wesentlichen Instruktionselemente abgebildet sind."

Der kleine Buchstabe a kennzeichnet den ersten Verweis innerhalb des Kapitels.

Korrespondierend werden im Internet das Buchsymbol und die blau gedruckten Begriffe angezeigt (s. Abb.).

Der Verweis ist im Internet entweder über die Kapitelnummer auffindbar oder über eine Übersichtsseite, die alle Verweise aus dem Buch enthält und direkt mit der entsprechenden Internetseite verlinkt ist.

Ein Gedanke, der bei derartigen ⊏
die wesentlichen Instruktionselemente

Verweiskennzeichnung
im Internet

Verweise innerhalb des Buches sind am Rand unter Angabe der Kapitelnummer annotiert. Das Beispiel Biomechanische Bewegungsanalyse verweist hier auf das Kapitel 2.1.

2.1

Verweise auf ein anderes Buch dieser Reihe sind durch die Abkürzungen Trai = Trainingswissenschaft und -lehre, Psy = Sportpsychologie, Päd = Sportpädagogik und Meth = Forschungsmethoden markiert.

Meth

Beide Medien nutzen die selben Annotationsformen.

GELB unterlegter Text signalisiert, dass es sich um eine zentrale theoretische Aussage bzw. eine Definition handelt.

Ein gelber Randbalken markiert ein zugehöriges theoretisches Beispiel.

GRÜN wird verwendet, wenn es sich um eine zentrale praxisbezogene Aussage handelt.

Ein grüner Randbalken zeigt an, dass es sich um ein Beispiel für eine praxisbezogene Aussage handelt.

Eine Demo-Version des online-Kurses und weitere Nutzungshinweise sind unter

http://www.sportwissenschaft-akademie.de

zu finden. Aktuelle Informationen zur online-Akademie, zum Projekt *ILIS* und zur Begleitforschung sind dort ebenfalls verfügbar.

1 Begriffsbestimmungen

1.1 Bewegung und Motorik

Bewegung als der zentrale Gegenstand einer Bewegungswissenschaft und -lehre ist mehrdeutig, mindestens jedoch
zweideutig. Bei Aristoteles (384-322 v. Chr.) bedeutete „Bewegung" in sehr allgemeiner Form „Veränderung". Die heutigen
Begriffe „Friedensbewegung", „Studentenbewegung", „Frau-
enbewegung", „Umweltbewegung" usw. weisen auf dieses
Verständnis noch heute hin. Forscher wie Newton (1643-
1727) bezogen aus der Perspektive der Mechanik (als Teildisziplin der Physik) „Bewegung" ausschließlich auf die Ortsveränderung von Objekten (ausführlich: Tamboer, 1994, S. 12-
13). Dieses Bewegungsverständnis hat sich bis auf die o. g.
Klasse von Beispielen im Wesentlichen gehalten.

Mechanisch betrachtet ist Bewegung die Ortsveränderung von
Masse.

Ein solches Bewegungsverständnis ist jedoch nur ein Teil
dessen, was den Gegenstand der Bewegungswissenschaft
und -lehre ausmacht. Ein anderer wesentlicher Teil ist die
Motorik. In früheren Jahren (z. B. Haase, Henatsch, Jung,
Strata & Thoden, 1976) verwendete man stattdessen den
Begriff „Sensomotorik". Es sollte damit deutlich gemacht
werden, dass zur Ausführung von Bewegungen sensorische   *4.2*
Prozesse und motorische Prozesse untrennbar miteinander
verbunden sind. Für das Ergreifen eines vor Ihnen stehenden Wasserglases wäre es dann z. B. eine wichtige Aufgabe
des Sehens als einem sensorischen Prozess, den genauen

Standort des Wasserglases zu bestimmen. Motorische Prozesse würden dann dazu führen, dass Schulter-, Arm- und Handmuskeln exakt aufeinander abgestimmt kontrahieren, um die Greifhand zum Wasserglas zu bewegen. Der Begriff „Sensomotorik" ist heutzutage unüblich, man spricht ausschließlich von „Motorik". In einem weiteren Verständnis kann Motorik neben den angesprochenen sensorischen und kognitiven sogar motivationale und emotionale Teilsysteme und -prozesse umfassen (ausführlich: Roth & Willimczik, 1999, S. 10).

Motorik beinhaltet alle organismischen Teilsysteme und -prozesse, die die (mechanisch verstandene) Bewegung des Menschen auslösen und kontrollieren.

Die Unterscheidung von (mechanisch verstandener) Bewegung und Motorik kann am Beispiel des Geschehens beim Auslösen des Kniesehnenreflexes dargestellt werden. Aus einer Sitzposition mit herabhängendem Unterschenkel stellt dessen Vorwärtsbewegung die Seite der Bewegung, der Dehnungsreflex die Seite der Motorik dar.

Beim Basketballfreiwurf kann die (wiederum mechanisch verstandene) Bewegung durch die Veränderung verschiedener Körperwinkel, die Bahngeschwindigkeit des Balles während verschiedener Phasen der Wurfbewegung und die Bodenreaktionskräfte beschrieben werden. Zur Motorik des Basketballfreiwurfs würden dann z. B. die visuelle Wahrnehmung des Korbes und der eigenen Position, das Abrufen einer im Gedächtnis gespeicherten Repräsentation des Basketballfreiwurfs sowie die efferenten Kommandos an die beteiligten Muskeln gehören.

2.1.2.4

4.2.1
3.2.1.1

Mechanisch verstandene Bewegung und Motorik beschreiben zusammen den Gegenstandsbereich der Bewegungswissenschaft und -lehre (s. Abb. 1).

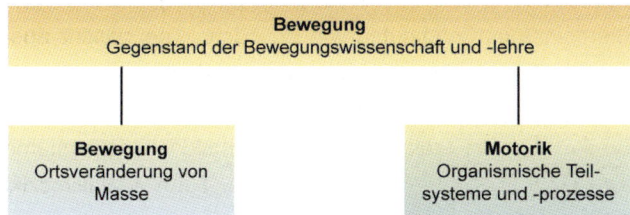

Abb. 1. Bewegung als allgemeiner und übergreifender Gegenstand der Bewegungswissenschaft und -lehre

1.2 Bewegungswissenschaft / -lehre

Die Bewegung des Menschen als allgemeiner und übergreifender Gegenstand der Bewegungswissenschaft und -lehre beinhaltet alle produzierten Phänomene sowie alle funktionalen Teilsysteme und -prozesse, die bei Ortsveränderungen des Körpers auftreten.

In den Studien- und Prüfungsordnungen der universitären sportwissenschaftlichen Einrichtungen bezeichnen die Begriffe Bewegungswissenschaft bzw. Bewegungslehre einen Teil der so genannten sportwissenschaftlichen Theoriefelder. Dabei werden beide Begriffe ohne erkennbare Bedeutungsdifferenzen verwendet. Ähnlich verhält es sich mit einschlägigen Lehrbuchtiteln, so z. B. Meinel &Schnabel (1998) „Bewegungslehre" und Roth & Willimczik (1999) „Bewegungswissenschaft". Als Begründung für die begriffliche Differenzierung wird häufig auf eine eher grundlagenwissenschaftliche Orientierung (Bewegungswissenschaft) bzw. eine stärkere Praxis- und Anwendungsorientierung (Bewegungslehre) abgestellt. Da einerseits mit diesem Lehrbuch und den dazu gehörenden Internet-Lehrmaterialien beide Ziele verfolgt werden und andererseits eine Beschränkung auf die wesentlichen und langjährig fest verankerten Erkenntnisse vorgenommen wurde, lag der Titel „Grundlagen der Bewegungswissenschaft und -lehre" nahe.

Aus der Perspektive der Wissenschaftstheorie werden verschiedene Bewegungswissenschaften unterschieden.

Jäncke und Heuer (1995, S. 235) bezeichnen alle diejenigen wissenschaftlichen Disziplinen als Bewegungswissenschaften, deren Gegenstand u. a. die Bewegung von Mensch und Tier ist: Physiologie, Neurologie, Physik, Psychologie, Biologie, Sportwissenschaft und Arbeitswissenschaft. Sie weisen damit auf zwei Aspekte hin: Der erste Aspekt meint, dass die vorliegenden Erkenntnisse über die Bewegung von Mensch und Tier von anderen Wissenschaften als einer Bewegungswissenschaft stammen. Der zweite Aspekt meint die Interdisziplinarität: Den weiter vorne schon angeführten Basketballfreiwurf kann man nur verstehen, wenn man sich ihm von der Seite der Physik (Teilgebiet Mechanik, Ortsveränderung von Masse) und anderer Disziplinen wie etwa Physiologie, Neurologie, Psychologie oder Biologie (entsprechende motorische Prozesse) zuwendet.

Die „Grundlagen der Bewegungswissenschaft und -lehre" berücksichtigen diese Gegebenheiten. Die Wahl des.Begriffs „Bewegungswissenschaft" in der Einzahl soll nicht als Gegensatz zu der oben beschriebenen Position von Jäncke und Heuer (1995) verstanden werden. Sie orientiert sich eher an den vorliegenden Studien- und Prüfungsordnungen sowie den entsprechenden Bezeichnungen der Lehrstühle und Professuren. Darüber hinaus scheint es unsinnig, Grundlagen der Bewegungswissenschaften, also der o. g. Wissenschaften, in einem einzigen Buch zusammenfassen zu wollen.

2 Sportliche Bewegung und ihre Analyse

Bewegungen werden im Folgenden überwiegend mechanisch verstanden. Der Zusatz „sportliche" beschränkt die Betrachtung auf das Tätigkeitsfeld Sport (im Gegensatz zu Alltags- oder Arbeitsbewegungen). Um sportliche Bewegungen unter verschiedensten Zielstellungen besser verstehen zu können, werden sie entsprechend analysiert.

Die Bewegungsanalyse zerlegt sportliche Bewegungen in Bestandteile und untersucht deren Beziehungen.

Das Analysieren eines Gegenstands oder eines Sachverhalts bedeutet, dass dieser Gegenstand systematisch untersucht wird, indem er in seine Komponenten zerlegt wird. Es interessieren dann diese einzelnen Komponenten sowie ihre Beziehungen im Zusammenhang mit dem Gesamtsachverhalt. Als Komponenten einer sportlichen Bewegung können z. B. verschiedene Bewegungsphasen oder -merkmale verstanden werden, die im Zusammenhang mit der Gesamtbewegung bestimmte Beziehungen aufweisen.

In Abhängigkeit von der Zielstellung oder der zugrunde liegenden wissenschaftlichen Disziplin können höchst unterschiedliche Arten von Bewegungsanalysen durchgeführt werden.

Wissenschaftssystematisch wird z. B. die biomechanische Bewegungsanalyse der Biomechanik des Sports und die funktionell-anatomische Bewegungsanalyse der funktionellen Anatomie zugeordnet. Unterschiedliche Zielstellungen der Bewegungsanalyse können die Untersuchung der hinter einer Bewegung stehenden Aufgabenstellung (Aufgaben-analyse) oder das Auffinden individueller Technikdefizite (Technikanalyse) sein. Die Aufgabenanalyse kann durch die funktionale Bewegungsanalyse nach Göhner (1979) reali-siert werden und lässt sich keiner einzelnen Wissenschafts-disziplin eindeutig zuordnen. Die Technikanalyse wird in Ab-hängigkeit von der Situation (verfügbare personelle und ap-parative Mittel und Zeit) eine biomechanische Technik-analyse oder eine morphologische Technikanalyse (morpho-logische Bewegungsanalyse) sein.

In diesem Buch werden aus der Vielzahl vorhandener Kon-zepte (ausführlich: Göhner, 1979) die biomechanische, die morphologische und die funktionale Bewegungsanalyse ausgewählt und ihre Grundlagen erläutert. Sie erscheinen neben der funktionell-anatomischen Bewegungsanalyse, die jedoch über ihre wissenschaftssystematische Zuord-nung der Sportmedizin überlassen werden soll, als die wich-tigsten der vorliegenden Varianten. Das dabei zugrunde ge-legte Verständnis von „Bewegung" ist in vielen Fällen, aber nicht immer, ein mechanisches.

2.1 Biomechanische Bewegungsanalyse

2.1.1 Begriffsbestimmung und Untersuchungs-ziele der Biomechanik des Sports

2.1.1.1 Begriffsbestimmung

Die Biomechanik des Sports ist die „wissenschaftliche Disziplin, die die sportliche Bewegung unter Verwendung von Begriffen, Methoden und Gesetzmäßigkeiten der Mechanik beschreibt und erklärt" (Ballreich, 1988a, S. 2).

Der Begriff „Biomechanik" setzt sich zusammen aus „Bios" (griechisch: Leben) und „Mechanik" als Teildisziplin der Physik. Die Biomechanik befasst sich also grundsätzlich mit mechanischen Aspekten lebender Systeme. Die „Biomechanik des Sports" schränkt den Anwendungsbereich auf den Sport ein. Dieses enge Verständnis der Biomechanik des Sports wird jedoch nicht von allen Wissenschaftlern geteilt. So beschreibt z. B. Gutewort (1993, S. 39) die Biomechanik als eine Grenzwissenschaft zwischen Physik und Biologie. Steuerungs- und Regelungsprozesse von Muskelkontraktionen, die für koordinierte Bewegungen notwendig sind und nicht mechanisch sondern eher physiologisch-neurologisch erklärt werden können, werden bei diesem Verständnis in die Biomechanik des Sports integriert.

2.1.1.2 Untersuchungsziele

Die Untersuchungsziele der Biomechanik des Sports werden nach Ballreich (1988b, S. 13) in drei Kategorien unterteilt: Die Leistungsbiomechanik, die anthropometrische Biomechanik und die präventive Biomechanik (s. Abb. 2).

Bei der Leistungsbiomechanik ist ein erstes Untersuchungsziel die Technikanalyse und -steuerung. „Technikanalyse" meint, dass diejenigen biomechanischen Merkmale der Bewegungsausführung eines Sportlers gefunden werden, bei deren Veränderung eine Verbesserung der sportlichen Leistung erreicht würde. Techniksteuerung bedeutet, dass biomechanische Messungen während des Techniktrainings gestatten, die zu verändernden biomechanischen Bewegungsmerkmale dem Sportler zurückzumelden (Biomechanisches Feedbacktraining).

25

Die „Technikoptimierung" zielt dagegen auf den Effektivitätsvergleich konkurrierender sportlicher Bewegungstechniken bzw. die Entwicklung neuartiger sportlicher Bewegungstechniken und Technikvarianten durch Modellsimulation ab. Bei der Konditionsanalyse und -steuerung sollen diejenigen biomechanischen Merkmale als Indikatoren von Kraft, Schnelligkeit und Beweglichkeit gemessen werden, die ihre möglichst genaue Diagnose ermöglichen (Analyse). Diese biomechanischen Merkmale werden dann im Trainingsverlauf zu Kontrollzwecken wiederholt gemessen (Steuerung). Die anthropometrische Biomechanik des Sports (Anthropometrie = Wissenschaft von den Maßverhältnissen des menschlichen Körpers) versucht, über biomechanische Merkmale des Körperbaus, wie z. B. die Längen und Umfänge von Gliedmaßen, die Eignung von Sportlern für bestimm-

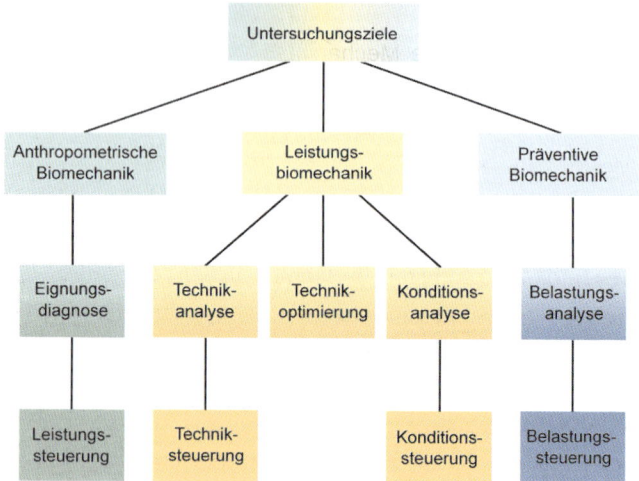

Abb. 2. Untersuchungsziele der Biomechanik des Sports (modif. nach Ballreich, 1988b, S. 13)

te Sportarten und eine entsprechende Prognose der zu erwartenden sportlichen Leistung zu erstellen.

Das Ziel der präventiven Biomechanik des Sports liegt in der
Analyse der bei sportlichen Bewegungen auftretenden mechanischen Belastungen und möglichen Schädigungen des
Bewegungsapparates. Mit der Belastungsgestaltung strebt
die präventive Biomechanik ggf. eine Modifizierung der
sportlichen Bewegungsabläufe an, um mechanische Belastungen und Schädigungsrisiken zu reduzieren.

2.1.2 Biomechanische Merkmale und Messmethoden

2.1.2.1 Überblick

In der Biomechanik des Sports werden biokinematische und biodynamische Merkmale sowie Zeitmerkmale unterschieden.

In Anlehnung an die Mechanik als Teildisziplin der Physik
(vgl. z. B. Kuchling, 1991, S. 51-144) werden in der Biomechanik des Sports biokinematische und biodynamische
Merkmale unterschieden. Preiß (1988, S. 55) fügt als dritte
Kategorie Zeitmerkmale hinzu. Dies stellt die in der Biomechanik des Sports übliche Kategorisierung biomechanischer
Merkmale und entsprechender Messmethoden dar (Abb. 3).
Außerdem werden translatorische und rotatorische Merkmale unterschieden. Translation liegt dann vor, wenn die räum-
liche Relation der Punkte eines sich bewegenden Körpers
konstant bleibt. Die zurückgelegten Wege der Körperpunkte
liegen parallel (bei einer Translation auf gradliniger Bahn,
Abb. 4) bzw. sind deckungsgleich (bei einer Translation auf
einer Kreisbahn, Abb. 6).

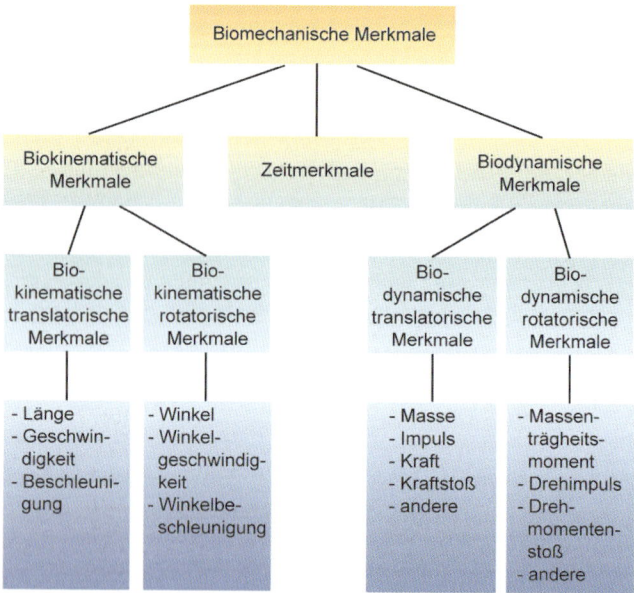

Abb. 3. Übersicht biomechanischer Merkmale (modif. nach Preiß, 1988, S. 55)

Rotation bedeutet dem gegenüber, dass die Punkte des sich bewegenden Körpers um eine Drehachse konzentrische Kreise beschreiben. Die Drehachse bleibt dabei in ihrer Position unverändert (s. Abb. 5).

Reine Translationen und Rotationen treten bei sportlichen Bewegungen kaum auf. In fast allen Fällen liegt eine Überlagerung von Translation und Rotation vor.

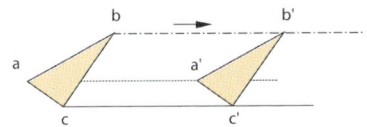

Abb. 4.
Translation
auf gradliniger
Bahn
(modif. nach
Hochmuth,
1982, S. 17)

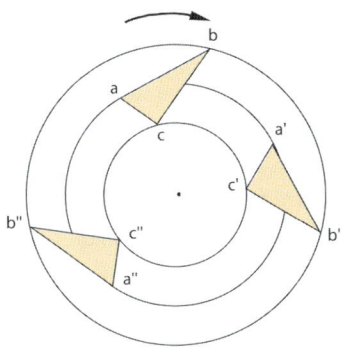

Abb. 5.
Rotation
(modif. nach
Hochmuth,
1982, S. 17)

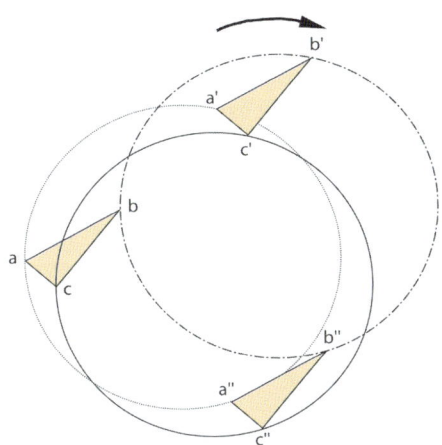

Abb. 6.
Translation
auf einer
Kreisbahn
(modif. nach
Hochmuth,
1982, S. 17)

2.1.2.2 Zeitliche Merkmale und Messmethoden

Zeitliche Merkmale sind Zeiten und Frequenzen. Zeiten werden in Sekunden [s] gemessen und mit dem Symbol „t" bezeichnet. Frequenzen werden in Hertz [Hz = 1/s] gemessen und mit dem Symbol „f" bezeichnet.

Biomechanische Zeitmerkmale beschreiben die Gesamtdauer sportlicher Bewegungen oder die Dauer von Teilen sportlicher Bewegungen. Zeiten können durch das Starten und Stoppen einer Uhr gemessen oder durch die kombinierte Messung mit anderen biomechanischen Merkmalen erfasst werden.

Frequenzen geben die Häufigkeit des Eintretens eines Ereignisses pro Zeiteinheit an. Häufig werden Frequenzen auch in 1/min angegeben.

So kann z. B. beim 100-m-Sprint die Gesamtdauer bestimmt werden. Es kann aber auch die jeweilige Dauer des Durchlaufens verschiedener 10-m-Abschnitte gemessen werden. Ein anderes Beispiel biomechanischer Zeitmerkmale stellt die Absprungdauer bei sportlichen Sprüngen dar. Im Hochleistungsbereich liegt sie beim Weitsprung zwischen 0,10 s und 0,13 s (Ballreich & Brüggemann, 1986, S. 34) während sie mit 0,12 s bis 0,23 s beim Hochsprung im Durchschnitt größer ist und in Abhängigkeit von der Absprungtechnik stärker variiert (Preiß, 1988, S. 57).

Beim o. g. Beispiel der Messung von 100-m-Zwischenzeiten können für das Starten und Stoppen einer Uhr Lichtschranken eingesetzt werden. Wenn z. B. die bei einem Absprung wirkenden Kräfte mit einer dynamometrischen Plattform gemessen werden, wird gleichzeitig die Absprungdauer ermittelt.

Die durchschnittliche Schlagzahl eines Ruderers von 30 Schlägen/min beträgt 0,5 Hz.

2.1.2.3 Biokinematische Merkmale und Messmethoden

Translatorische biokinematische Merkmale sind Länge, Geschwindigkeit und Beschleunigung (s. Tab. 1). Längen beschreiben den Abstand zweier Punkte. Geschwindigkeiten beschreiben die Ortsveränderungen eines Punktes in der Zeit. Sie geben an, welche Länge in einer gegebenen Zeit zurückgelegt wird. Beschleunigungen beschreiben Änderungen von Geschwindigkeiten in der Zeit.

Tab. 1. *Translatorische biokinematische Merkmale*

Merkmal	Zeichen	Einheit
Länge	s	Meter [m]
Geschwindigkeit	v	Meter/Sekunde [m/s]
Beschleunigung	a	Meter/Sekunde^2 [m/s^2]

In Abb. 7 bewegt sich ein Punkt von Position 1 nach Position 2. Auf der y-Achse ist der zurückgelegte Weg (Länge), auf

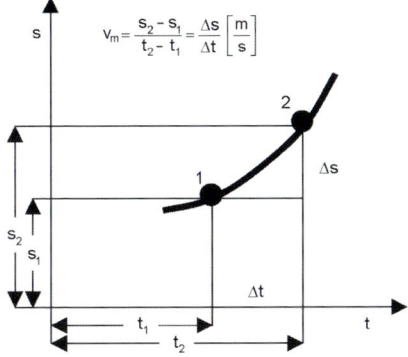

$$v_m = \frac{s_2 - s_1}{t_2 - t_1} = \frac{\Delta s}{\Delta t} \left[\frac{m}{s} \right]$$

Abb. 7. Weg-Zeit-Diagramm (modif. nach Hochmuth, 1982, S. 18)

der x-Achse die Zeit angegeben. Bis zum Erreichen der Position 1 hat der Punkt den Weg s_1 zurückgelegt und die Zeit t_1 benötigt. Bei Position 2 hat unser Punkt insgesamt den Weg s_2 zurückgelegt und dafür die Zeit t_2 benötigt. Für die Bewegung von Position 1 nach Position 2 hat unser Punkt dann den Weg $(s_2 - s_1)$ zurückgelegt und hierfür die Zeit $(t_2 - t_1)$ benötigt.

Da die Zeit- und Längenintervalle nicht beliebig klein sind, ermittelt man auf diese Weise die mittlere Geschwindigkeit v_m des Punktes zwischen Position 1 und Position 2. Mittlere Beschleunigungen werden ermittelt, in dem die Geschwindigkeitsänderung $(v_2 - v_1)$ in Beziehung zur dafür benötigten Zeit $(t_2 - t_1)$ gesetzt wird.

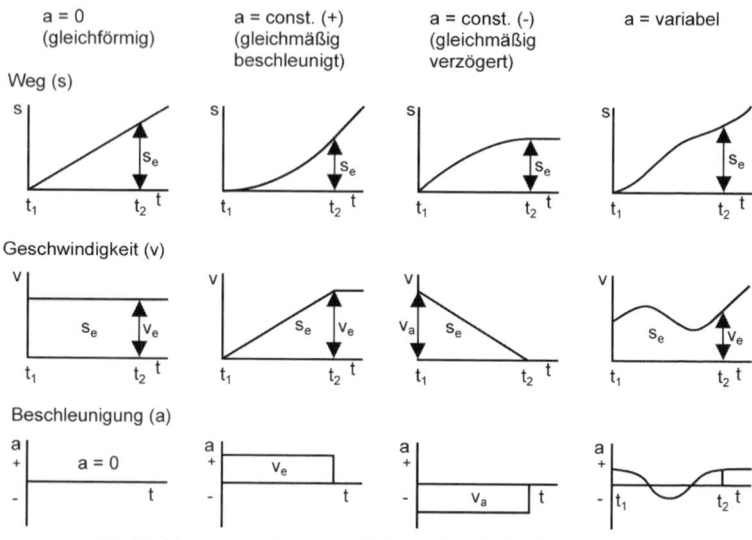

Abb. 8. Zusammenhang von Weg-, Geschwindigkeits- und Beschleunigungs-Zeitverläufen (modif. nach Hochmuth, 1982, S. 29, 31)

Den Zusammenhang von Weg-, Geschwindigkeits- und Beschleunigungs-Zeitverläufen zeigt Abb. 8. Gleichförmige Bewegung liegt bei konstanter Geschwindigkeit vor. Die Fläche unter der Geschwindigkeits-Zeit-Kurve entspricht dem insgesamt während der Bewegung zurückgelegten Weg s_e ($v[m/s]$ x $t[s]=s[m]$). Die unter der Beschleunigungs-Zeit-Kurve liegende Fläche entspricht bei gleichmäßiger Beschleunigung von der Anfangsgeschwindigkeit $v_a = 0$ der am Ende der Bewegung erreichten Endgeschwindigkeit v_e, bei gleichmäßiger Verzögerung auf $v_e = 0$ der zu Beginn der Bewegung vorliegenden Geschwindigkeit v_a ($a[m/s^2]$ x $t[s]=v[m/s]$). Normalerweise liegen bei sportlichen Bewegungen wechselnde Beschleunigungsverhältnisse vor. Die in diesem Fall durch Integration der Geschwindigkeits-Zeit-Kurve bestimmbare Fläche stellt hierbei wiederum den zurückgelegten Weg s_e dar. Die Integration der Beschleunigungs-Zeit-Kurve ergibt unter Berücksichtigung der Vorzeichen der Einzelflächen die Geschwindigkeitsänderung zwischen t_1 und t_2.

Rotatorische biokinematische Merkmale sind Winkel, Winkelgeschwindigkeit und Winkelbeschleunigung (s. Tab. 2). Winkel beschreiben die Ausprägung einer (fiktiven) Rotation zwischen zwei Strecken (Schenkeln), die im selben Punkt (Scheitel) beginnen. Sie werden in Grad (1/360 eines Vollkreises) oder rad (Radiant, Bahnweg/Radius) angegeben. Winkelgeschwindigkeit und Winkelbeschleunigung beschreiben vergleichbar zu den entsprechenden translatorischen Merkmalen die Winkelveränderung und die Veränderung der Winkelgeschwindigkeit in der Zeit.

Die Videometrie hat sich als eine der zentralen Messmethoden zur Erfassung translatorischer und rotatorischer biokinematischer Merkmale etabliert. Mit Hochfrequenz-

Meth

kameras, die von einigen hundert bis zu mehreren tausend Aufnahmen pro Sekunde machen, werden sportliche Bewegungsabläufe aus mehreren Perspektiven synchron digital aufgezeichnet und dreidimensional ausgewertet.

Tab. 2. *Rotatorische biokinematische Merkmale*

Merkmal	Zeichen	Einheit
Winkel		Grad [°], rad
Winkel-geschwindigkeit	ω	Grad/Sekunde [°/s], rad/Sekunde [rad/s]
Winkel-beschleunigung	α	Grad/Sekunde^2 [°/s^2], rad/Sekunde^2 [rad/s^2]

2.1.2.4 Auswahl biodynamischer Merkmale und Messmethoden

Von den in Abb. 3 angegebenen translatorischen biodynamischen Merkmalen sollen Masse, Kraft, Impuls und Kraftstoß näher erläutert werden (s. Tab. 3).

Tab. 3. *Auswahl biodynamischer translatorischer Merkmale*

Merkmal	Zeichen	Einheit
Masse	m	Kilogramm [kg]
Kraft	F	Newton [N]
Impuls	p	Masse x Geschwindigeit [kg x m/s]
Kraftstoß	Δp	Kraft x Zeit [Ns]

Kraft [F] = Masse [m] x Beschleunigung [a]

Wenn auf einen Körper mit der Masse m eine Kraft F einwirkt, führt dies zu einer Beschleunigung a des Körpers.

Nach Galileo Galilei (1564–1642) bewegt sich ein Körper, auf den keine Kraft einwirkt, geradlinig gleichförmig. Isaac Newton (1643–1727) bezeichnete dies als Trägheitsprinzip (Massenträgheit). Newton formulierte die oben stehende Beziehung zwischen Kraft, Masse und Beschleunigung als das heutige „Grundgesetz der Mechanik". Hierbei ist zu berücksichtigen, dass die Kraft einen Vektor darstellt, der die gleiche Richtung hat wie die durch sie hervorgerufene Beschleunigung.

Ausgehend vom oben stehenden Grundgesetz der Mechanik erhält man für den Kraftstoß F x t = m x a x t.

Setzt man für a x t die Endgeschwindigkeit v in die Gleichung ein, folgt hieraus F x t = m x v [N x s = kg x m/s].

Wirkt auf eine Masse m für die Zeit von t_1 bis t_2 die Kraft F, dann erhält die Masse die Geschwindigkeit v. Verantwortlich ist hierfür das Produkt aus der einwirkenden Kraft und der Zeit, in der diese Kraft wirkt, der Kraftstoß.

Abb. 9 zeigt, dass es für die erreichte Geschwindigkeit der Masse unerheblich ist, ob eine Kraft von 500 N über 0,2 s oder eine Kraft 250 N über 0,4 s wirkt. Der Kraftstoß beträgt in beiden Fällen 100 Ns, und die erreichte Geschwindigkeit der Masse ist für beide Fälle gleich.

Da bei sportlichen Bewegungen normalerweise keine konstanten Kräfte auftreten, wird der Kraftstoß durch Integration der Kraft-Zeit-Kurve ermittelt (s. Abb. 10).

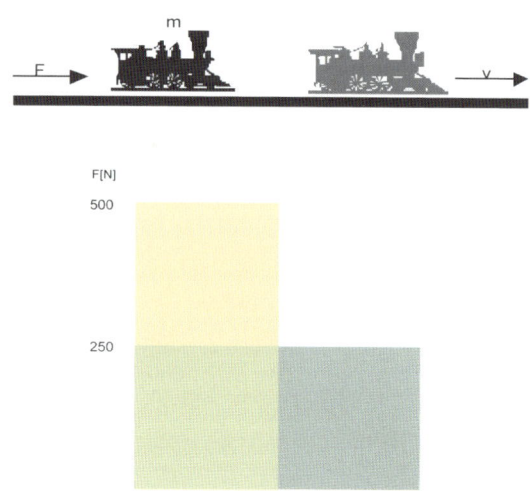

Abb. 9. Kraftstoß bei konstanter Kraft (modif. nach Hochmuth, 1982, S. 37)

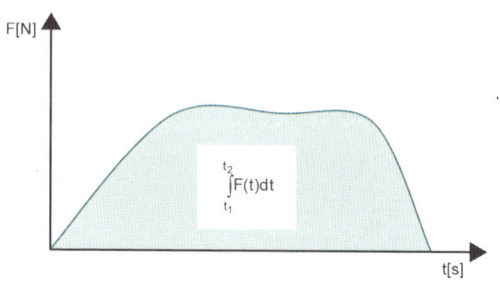

Abb. 10. Kraftstoß bei variabler Kraft (modif. nach Hochmuth, 1982, S. 37)

Den translatorischen biodynamischen Merkmalen Masse, Impuls, Kraft und Kraftstoß entsprechen die rotatorischen biodynamischen Merkmale Massenträgheitsmoment, Drehimpuls, Drehmoment und Drehmomentenstoß (s. Tab. 4).

Tab. 4. *Auswahl rotatorischer biodynamischer Merkmale*

Merkmal	Zeichen	Einheit
Massenträg-heitsmoment	J	Kilogramm x Meter^2 [kg x m^2]
Drehimpuls	L	Kilogramm x Meter^2 / Sekunde [kg x m^2/s]
Drehmoment	M	Newtonmeter [Nm]
Drehmomenten-stoß	ΔL	Newtonmeter x Sekunde [Nm x s]

Analog zu F = m x a bei Translationen gilt M = J x α (Dreh-moment = Massenträgheitsmoment x Winkelbeschleuni-gung) bei Rotationen. Das Massenträgheitsmoment wird vereinfacht als das Produkt von rotierender Masse und ih-rem quadratischen Abstand von der Drehachse bezeichnet. Der Drehimpuls ist das Produkt von Winkelgeschwindigkeit und Trägheitsmoment (L = ω x J). Drehmoment ist das Produkt aus der wirkenden Kraft und dem Abstand ihrer Wirkungslinie von der Drehachse. Der Drehmomentenstoß ist dann analog zum Kraftstoß das Produkt aus Drehmoment und der Zeit, die dieses Drehmoment wirkt.

Grundlage zur Bestimmung biodynamischer Merkmale ist die Messung von Kräften.

Weit verbreitet sind dynamometrische Plattformen, die fest am Boden verankert werden und die Messung von Kräften bei Absprung-, Lande- und Laufbewegungen ermöglichen (s. Abb. 11 und 12). Hier wird meist der sogenannte piezo-elektrische Effekt ausgenutzt: In die Plattform integrierte

Quarze produzieren unter Krafteinwirkung elektrische Ladungen. Diese elektrischen Ladungen werden in Spannungen umgewandelt. Die registrierten Spannungen sind proportional zu den sie verursachenden einwirkenden Kräften.

Abb. 11. Dynamometrische Messplattform mit Versuchsperson

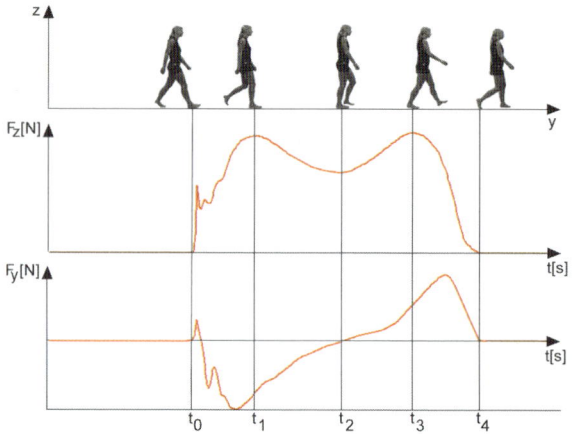

Abb. 12. Vertikaler (F_z) und in Laufrichtung horizontaler (F_y) Kraft-Zeit-Verlauf einer Bodenkontaktphase beim Gehen

Sie werden digitalisiert und können dann mit entsprechender Software weiterverarbeitet werden. Für verschiedene Messzwecke werden jedoch sehr unterschiedliche Messinstrumente (Kraftaufnehmer) eingesetzt. Um zum Beispiel beim Kanurennsport und Kanuslalom die am Paddel wirkenden Kräfte messen zu können, macht man sich zunutze, dass diese Kräfte eine Verformung des Paddelschafts verursachen. Mit so genannten linearen Wegaufnehmern wird diese Verformung gemessen. Nach einer Kalibrierung kann dann aus der gemessenen Verformung die sie verursachende Kraft errechnet werden.

2.1.2.5 Körperschwerpunktsbestimmung

Der Körperschwerpunkt (KSP) ist der Angriffspunkt der Resultierenden aller Teilgewichtskräfte des Körpers (vgl. Kuchling, 1991, S. 65).
Der KSP ist ein theoretischer Punkt, der auch außerhalb des Körpers liegen kann.

Nach der Gleichung F = m x a wirkt auf einen Körper mit der Masse m = 70 kg und der Erdbeschleunigung von g = 9,81 m/s^2 eine Kraft (Gewichtskraft) von F = 686,7 N. Diese Gewichtskraft G ist gleich der Summe der Gewichtskräfte der Massenelemente des Körpers. Der Körperschwerpunkt (KSP) ist der Punkt, an dem die Resultierende dieser Gewichtskräfte angreift.

Die Bestimmung der Lage des Körperschwerpunkts in bestimmten Bewegungspositionen oder der Bahn des Körperschwerpunkts im Verlauf sportlicher Bewegungen ist bei vielen biomechanischen Untersuchungen unerlässlich. Soll zum Beispiel untersucht werden, ob ein Langstreckenläufer durch seine Lauftechnik zu starke Vertikalbewegungen ausführt, die viel Energie benötigen, aber nicht dem Vortrieb dienen und deshalb unökonomisch sind, muss die Vertikalbewegung des Körperschwerpunkts bestimmt werden.

Neben anderen Methoden (vgl. hierzu Baumann, 1988, S. 81-82; Hochmuth, 1982, S. 112-116) wird zur Körperschwerpunktbestimmung am häufigsten die analytische Methode verwendet. Bei dieser Methode wird aus der Lage verschiedener Körperglieder und ihrem Anteil an der Gesamtmasse des Körpers die Lage des Körperschwerpunkts in einer bestimmten Bewegungsposition errechnet. Verwendet werden hierzu unterschiedliche Körpermodelle, die Annahmen über die relative Masse von Körpergliedern und deren Schwerpunkten machen. So liegt nach Baumann (1988, S. 84, s. Tab. 5) der Teilkörperschwerpunkt eines Oberschenkels bei 44% der Länge des Oberschenkels, gemessen vom proximalen, d. h. körpernahen Gelenk. Die Masse eines Oberschenkels beträgt nach diesem Modell 14% der Gesamtmasse des zu untersuchenden Sportlers. Frühere Modelle ermittelten diese Werte als Durchschnitt einer Vielzahl von untersuchten Leichen. Neuere Modelle ziehen die Ergebnisse kernspintomografischer Untersuchungen hinzu.

Tab. 5. *Teilmassen und Schwerpunktradien (modif. nach Baumann, 1988, S. 84)*

Segment	m_i in % m	r_i in % l_i
Kopf	7,0	50
Rumpf	43,0	44
Oberschenkel	14,0	44
Unterschenkel	4,5	42
Fuß	1,5	44
Oberarm	2,7	47
Unterarm	1,6	42
Hand	0,7	
Kopf und Rumpf	50	
Bein	20	
Arm	5	

In einem ersten Schritt wird die y-Koordinate des Körperschwerpunkts berechnet, indem die Produkte der relativen Massen der zu berücksichtigen Körperglieder mit den jeweiligen y-Koordinaten der Teilkörperschwerpunkte aufsummiert werden und diese Summe durch die Gesamtmasse des Sportlers dividiert wird. In einem zweiten Schritt wird auf die gleiche Art und Weise die x-Koordinate des Körperschwerpunkts berechnet (s. Abb. 13).

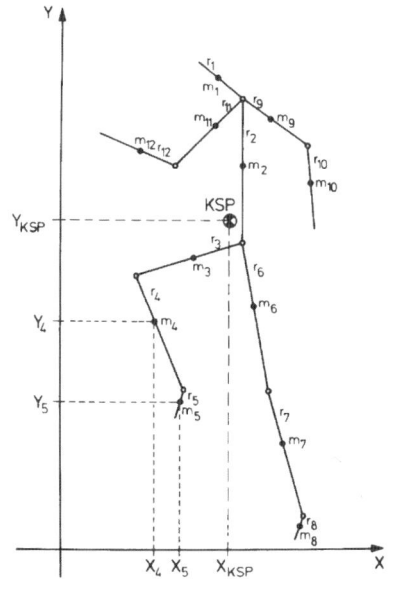

$$m \times y_{KSP} = m_1 y_1 + m_2 y_2 + \dots m_{12} y_{12}$$

$$\Rightarrow \quad y_{KSP} = \frac{1}{m} \times \left(m_1 y_1 + m_2 y_2 + \dots m_{12} y_{12} \right) = \frac{1}{m} \sum_{i=1}^{12} m_i y_i$$

$$m \times x_{KSP} = m_1 x_1 + m_2 x_2 + \dots m_{12} x_{12}$$

$$\Rightarrow \quad x_{KSP} = \frac{1}{m} \times \left(m_1 x_1 + m_2 x_2 + \dots m_{12} x_{12} \right) = \frac{1}{m} \sum_{i=1}^{12} m_i x_i$$

Abb. 13. Berechnung des KSP aus relativen Teilmassen und Lagen der Teilkörperschwerpunkte (modif. nach Baumann, 1988, S. 3)

In der Praxis wird dieses Verfahren häufig videometrisch angewendet. Die Videoaufzeichnung des zu untersuchenden Bewegungsablaufs wird digitalisiert und bei Nutzung einer entsprechenden Software die Lage von Gelenkpunkten zur Bestimmung der Lage von Körperteillängsachsen durch Anklicken eingegeben. Aus diesen Daten kann dann nach Auswahl bestimmter Modellvorgaben die Lage des Körperschwerpunkts berechnet werden.

2.1.3 Beispiel: „counter movement jump" (CMJ)

Eine Konkretisierung der bisher zur biomechanischen Bewegungsanalyse formulierten Inhalte soll exemplarisch anhand des „counter movement jumps" (CMJ), eines beidbeinigen vertikalen Sprungs mit Ausholbewegung (s. Abb. 14), vorgenommen werden. Als Ziel des CMJ unterstellen wir das Erreichen einer maximalen Sprunghöhe.

Die maximale Sprunghöhe wird in der Biomechanik des Sports als „maximale vertikale KSP-Verlagerung in der Flugphase" verstanden. Bei der Anwendung eines motorischen *Train* Tests, z. B. des „jump and reach"-Tests, könnte dies z. B. auch die Höhendifferenz zwischen Markierungspunkten der Hand im Stand und am höchsten Punkt der Flugkurve im Sprung sein.

Da die Zielstellung unseres CMJ als maximale vertikale KSP-Verlagerung der Flugphase angenommen wird, interessieren bei der biomechanischen Analyse hauptsächlich die vertikalen Komponenten der Weg-Zeit-, Geschwindigkeits-Zeit- und Kraft-Zeit-Verläufe des KSP.

Der Kraftstoß p_1 (die Fläche zwischen der Gewichtskraft und der F_z-Kurve im Intervall zwischen t_0 und t_1 führt im ersten Teil der Ausholbewegung zur abwärts gerichteten Maximalgeschwindigkeit v_{z_1} zum Zeitpunkt t_1. Der Kraftstoß p_2 entspricht der Fläche zwischen der Gewichtskraft und der Kraft-Zeit-Kurve im Intervall zwischen t_1 und t_2. Er führt zum Abbremsen der abwärts gerichteten Maximalgeschwindigkeit v_{z_1} auf den Wert null zum Zeitpunkt t_2.

Die Kraftstöße p_1 (Ausholkraftstoß) und p_2 (Bremskraftstoß) haben den gleichen Betrag. Sie führen zu einer vom Betrag her gleich großen Geschwindigkeitsänderung.

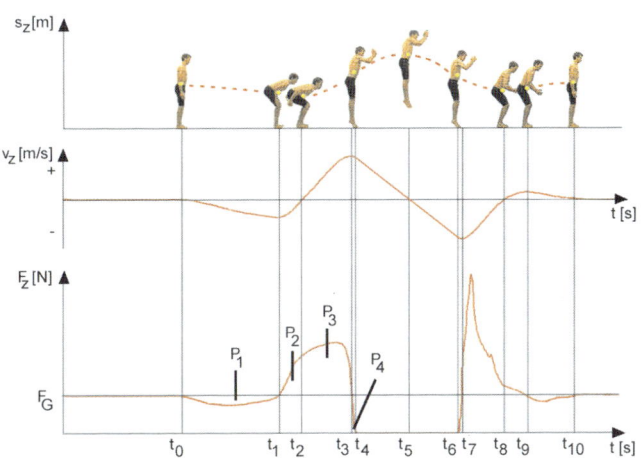

Abb. 14. Vertikale Weg-Zeit-, Geschwindigkeits-Zeit und Kraft-Zeit- *www213*
Verläufe beim counter movement jump

Der Kraftstoß p_3 zwischen Gewichtskraft und der F_z-Kurve im Intervall zwischen t_2 und t_3 führt zur aufwärts gerichteten Maximalgeschwindigkeit v_{z_3} des KSP, die zum Zeitpunkt t_3 erreicht wird. Da die zwischen t_3 und t_4 liegenden vom Springer produzierten Kräfte geringer als die Gewichtskraft sind, wird die aufwärts gerichtete Geschwindigkeit des KSP in diesem Intervall verringert. Der Kraftstoß p_4 führt deshalb zu einer Reduktion von v_{z_3}. Die zum Zeitpunkt t_4 erreichte aufwärts gerichtete Geschwindigkeit des KSP ist gleichzeitig seine vertikale Abfluggeschwindigkeit.

Der für die vertikale Abfluggeschwindigkeit insgesamt verantwortliche Kraftstoß $p_3 - p_4$ wird Beschleunigungskraftstoß genannt. Dieser Begriff wird von Hochmuth (1982, S. 164-166) für p_3 alleine verwendet.

Die zum Zeitpunkt t_3 erreichte aufwärts gerichtete Maximalgeschwindigkeit v_{z_3} wird von Hochmuth (1982, S. 166) als Absprunggeschwindigkeit bezeichnet. Die Abfluggeschwindigkeit ist dann kleiner als die Absprunggeschwindigkeit.

Zur Berechnung der KSP-Flughöhe aus dem vertikalen Kraft-Zeit-Verlauf werden zwei Formeln herangezogen:

$$1)\quad v_{Abflug} = \frac{F \times t}{m} \qquad\qquad 2)\ h = \frac{(v_{Abflug})^2}{2g}$$

Nach (1) wird aus dem Quotienten des Beschleunigungskraftstoßes ($p_3 - p_4$) und der Masse des Springers m die vertikale Abfluggeschwindigkeit des KSP v_{Abflug} berechnet.

Nach (2) wird aus der vertikalen Abfluggeschwindigkeit des KSP v_{Abflug} und der Erdbeschleunigung g seine Flughöhe berechnet.

Produziert z. B. ein Springer mit einer Masse von 93,95 kg einen vertikalen Beschleunigungskraftstoß von 232,07 Ns, wird nach (1) eine vertikale Abfluggeschwindigkeit seines KSP von 2,47 m/s berechnet. Quadriert man diese Abfluggeschwindigkeit, erhält man 6,1009 m^2/s^2. Wird diese Größe durch 2 g (19,62 m/s^2) dividiert, erhält man eine KSP-Flughöhe von ca. 0,31 m.

2.1.4 Biomechanische Prinzipien

2.1.4.1 Überblick

Die biomechanischen Prinzipien ermöglichen sportartunspezifische allgemeingültige Erkenntnisse über die biomechanische Zweckmäßigkeit sportlicher Bewegungen.

Die biomechanischen Prinzipien wurden von Hochmuth erstmals 1967 veröffentlicht. In den 70er Jahren gab es eine heftige Diskussion um die biomechanischen Prinzipien, vor allem um ihren Geltungsbereich. In der Folge wurden sie bis 1982 dahingehend modifiziert, dass sich ihre Aussagen unterschiedlich auf bestimmte Gruppen strukturverwandter Bewegungsabläufe oder Zielstellungen beziehen (s. Tab. 6).

Tab. 6. *Sieben Gruppen strukturverwandter Bewegungsabläufe*

Gruppe	Beispiel
Absprung / Abdruck / Abwurf / Abstoß vom starren Widerlager	
Zielstellung A: Maximale Endgeschwindigkeit	Absprung bei leichtathletischen Sprüngen, Turmspringen, Startsprung beim Schwimmen, Abdruck bei der Wende im Schwimmen, beim Sprintstart, Abwurf bei Speer- und Hammerwurf, bei den Sportspielen, Abstoß beim Kugelstoßen
Zielstellung B: Minimale Zeitdauer	Gerader Boxschlag, Fechtstoß
Absprung / Abdruck vom elastischen Widerlager	
Zielstellung: Maximale Endgeschwindigkeit	Absprung vom Federbrett im Turnen, Wasserspringen, Abdruck vom Reck, Barrenholm
Drehen im freien Flug	
Zielstellung A: Optimale zeitliche Veränderung der Massenträgheitsmomente	Salti, Schrauben usw. beim Turnen und Turmspringen
Zielstellung B: Optimale Körperhaltung während oder am Ende einer Flugphase	Flugphase beim Skispringen, Lattenüberquerung beim Hochsprung, Landehaltung beim Weitsprung, Skispringen, Eintauchen beim Wasserspringen

Gruppe	Beispiel
Drehungen um feste und elastische Achsen in Ebenen, in denen die Schwerkraftrichtung vorhanden ist	
Zielstellung: Optimale Energiezuführung und -umwandlung	Turnübungen am Reck, Ringen, (Stufen)Barren
Abstoß vom Wasser bei zyklischen Bewegungen	
Zielstellung: Maximaler Wirkungsgrad der Vortriebsleistung bei minimaler Start-Ziel-Zeit	Schwimmen, Rudern, Paddeln
Vorder- und Hinterstütz mit anschließender Flug- oder Gleitphase bei zyklischen Bewegungen	
Zielstellung: Maximaler Wirkungsgrad der Vortriebsleistung bei minimaler Start-Ziel-Zeit	Schritte bei allen leichtathletischen Läufen, Laufschritte beim Skilanglauf, Eisschnelllauf
Kontinuierlicher Antrieb durch Pedaltreten	
Zielstellung: Maximaler Wirkungsgrad der Vortriebsleistung bei minimaler Start-Ziel-Zeit	Alle Disziplinen des Straßen- und Bahnradsports

Die Allgemeingültigkeit der formulierten Prinzipien wurde durch die Modifikationen stark eingeschränkt.

Hochmuth (1982) formulierte sechs biomechanische Prinzipien:
1. Prinzip der Anfangskraft
2. Prinzip des optimalen Beschleunigungsweges
3. Prinzip der optimalen Tendenz im Beschleunigungsverlauf
4. Prinzip der zeitlichen Koordination von Einzelimpulsen
5. Prinzip der Gegenwirkung
6. Prinzip der Impulserhaltung

2.1.4.2 Prinzip der Anfangskraft

Die Anfangskraft ist diejenige Kraft, die am Ende einer Ausholbewegung zum Zeitpunkt des Beginns des Beschleunigungskraftstoßes wirkt. Sie führt zu einem größeren Beschleunigungskraftstoß und damit zu einer größeren Endgeschwindigkeit als ohne Ausholbewegung.

Das biomechanische Prinzip der Anfangskraft beansprucht Gültigkeit für die ersten beiden Gruppen strukturverwandter Bewegungsabläufe (Absprung/Abdruck/Abwurf/Abstoß vom starren Widerlager und Absprung/Abdruck vom elastischen Widerlager) unter der Zielstellung des Erreichen einer maximalen Endgeschwindigkeit.

Beim CMJ wirkt am Ende der Ausholbewegung, zum Zeitpunkt der tiefsten KSP-Position, eine vertikale Kraft, deren Betrag größer als der Betrag der Gewichtskraft ist und deren Richtung der Abflugrichtung entspricht. Diese Kraft wird Anfangskraft genannt. Bei einem Vertikalsprung ohne Ausholbewegung, einem Squatjump (SJ), ist die Anfangskraft dagegen gleich null.

Der CMJ entspricht bei der Zielstellung des Erreichens einer maximalen KSP-Flughöhe diesen Kriterien und soll deshalb beispielhaft zur Erläuterung des Prinzips der Anfangskraft herangezogen werden.

Abb. 15 zeigt die Weg-Zeit- und Kraft-Zeit-Verläufe für einen CMJ und einen Squatjump (SJ). Der Beschleunigungsweg, *www2142* die vertikale Differenz der tiefsten KSP-Position am Ende der Ausholbewegung (t_2) und der KSP-Position zum letzten Zeitpunkt des Bodenkontakts vor der Flugphase (t_3 bzw. t_4), ist in beiden Fällen gleich groß. Da zum Zeitpunkt der tiefsten KSP-Position am Ende der Ausholbewegung beim CMJ bereits eine positive Anfangskraft wirkt, erhöht sich der Betrag des Beschleunigungskraftstoßes und damit die produzierte Abfluggeschwindigkeit (Bereich „+") gegenüber dem SJ. Weil beim Vorliegen größerer Kräfte der gleiche Beschleunigungsweg des KSP in kürzerer Zeit durchlaufen wird, ist die Absprungbewegung des CMJ früher zu Ende.

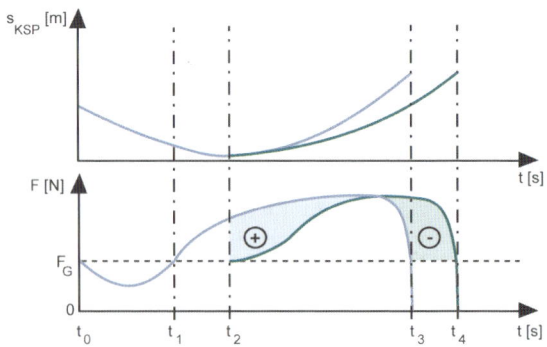

Abb. 15. Weg-Zeit- und Kraft-Zeit-Verläufe für einen CMJ und einen SJ

Der hierdurch entstehende Verlust für den Beschleunigungskraftstoß (Bereich „-") ist jedoch geringer als der Gewinn.

Eine wichtige Größe im Zusammenhang mit der Gültigkeit des Prinzips für Bewegungen von einem starren oder einem elastischen Widerlager ist das Kappa-Verhältnis. Nach Hochmuth (1982, S. 166) ist das Kappa-Verhältnis der Quotient aus Bremskraft- und Beschleunigungskraftstoß bei einer Beuge- und Streckbewegung mit flüssigem Übergang. Zu beachten ist hierbei, dass als Beschleunigungskraftstoß der Kraftstoß vom Zeitpunkt der tiefsten KSP-Position bis zum Erreichen der aufwärts gerichteten Maximalgeschwindigkeit des KSP kurz vor dem Abflug (p_3 in Abb. 14) verstanden wird.

Bei Bewegungen vom starren Widerlager soll das Kappa-Verhältnis einen optimalen Wert nicht über- oder unterschreiten. Bei Bewegungen von elastischen Widerlagern wird demgegenüber ein maximaler Bremskraftstoß gefordert, um das elastische Widerlager zu verformen und die

dadurch vorliegende elastische Energie für den anschließenden Beschleunigungsvorgang nutzen zu können.

*Bei Vertikalsprüngen wie z. B. dem Blocksprung im Volley-
ball liegt das optimale Kappa-Verhältnis nach Hochmuth
(1982, S. 166) bei ca. 0,33 (s. Abb. 16). Ein Sprung vom
Sprungbrett im Wasserspringen gilt als Beispiel für eine
Bewegung von einem elastischen Widerlager mit der Forderung nach einem maximalen Bremsstoß.*

$$\chi = \frac{\text{Bremskraftstoß}}{\text{Beschleunigungskraftstoß}}$$

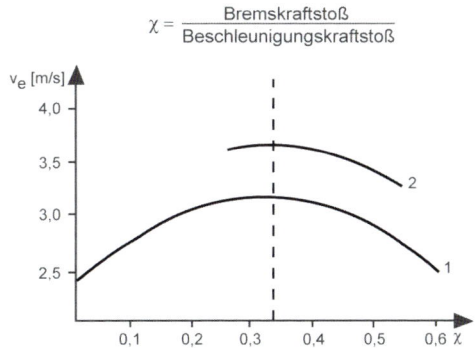

Abb. 16. Kappa-Verhältnis (modif. nach Hochmuth 1982, 166)

2.1.4.3 Prinzip des optimalen Beschleunigungs-
weges

Das Prinzip des optimalen Beschleunigungsweges beschreibt die
optimale Länge des Beschleunigungsweges als abhängig von
Winkelstellungen der Körperteile und den zeitlichen Bedingungen der jeweiligen sportlichen Bewegung. Die geometrische
Form sollte geradlinig oder stetig gekrümmt sein.

Das Prinzip des optimalen Beschleunigungsweges erhebt
nach Hochmuth (1982, S. 154, 162) einen Gültigkeitsan-

49

spruch für Bewegungen von starren Widerlagern mit der Zielstellung einer maximalen Endgeschwindigkeit. Bei einem CMJ kann das zu starke Beugen der Gelenke der unteren Extremitäten in der Ausholbewegung dazu führen, dass der positive Effekt eines längeren Beschleunigungsweges durch den negativen Effekt reduzierter Vertikalkräfte überlagert wird.

Grundsätzlich erscheint die Forderung plausibel, unter der Zielstellung des Erreichens maximaler Endgeschwindigkeiten Beschleunigungswege ebenfalls maximal zu gestalten. Ebenso plausibel stehen dem jedoch anatomische Bedingungen des Menschen und zeitliche Bedingungen sportlicher Bewegungen entgegen.

Bei Vertikalsprüngen aus dem Stand sind es die anatomischen Bedingungen des Menschen, die den ausnutzbaren vertikalen Beschleunigungsweg nach oben begrenzen. Bei leichtathletischen Sprüngen mit Anlauf sind es im noch stärkeren Maße die sehr kurzen Bodenkontaktzeiten (100 – 250 ms), während derer nur kurze Beschleunigungswege realisiert werden können.

Am Beispiel des CMJ macht Hochmuth (1982, S. 154) eine weitere Einschränkung deutlich. Bei stärkerer Beugung der Gelenke der unteren Extremitäten nimmt der Abstand des gemeinsamen Schwerpunkts der Oberschenkel, des Rumpfes, der Arme und des Kopfes vom Kniegelenk zu. Diese Verlängerung der Lastarme erfordert zur Erreichung gleich großer Vertikalkräfte größere Muskelzugkräfte als bei kürzeren Lastarmen.

Abb. 17 zeigt zwei Springer in unterschiedlicher Körperposition im Moment der tiefsten KSP-Lage während der Ausholbewegung. Die tiefere Position führt zu einem längeren Beschleunigungsweg und dadurch zu einem länger dauernden Beschleunigungskraftstoß $(t_e - t_{a_1})$ bei allerdings relativ geringen Kräften. Bei kürzerem Beschleunigungsweg ist die Dauer des Beschleunigungskraftstoßes mit $(t_e - t_{a_2})$ kürzer bei allerdings größeren Kräften.

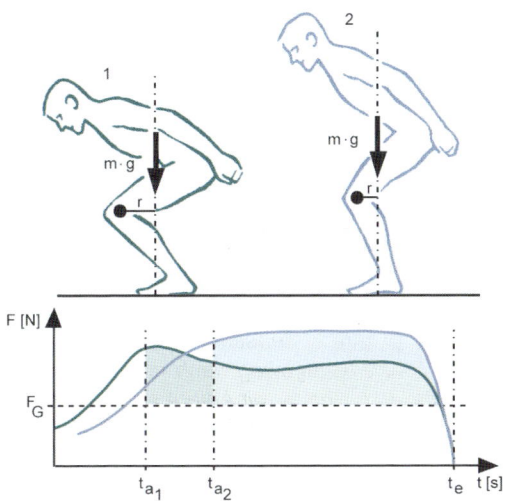

Abb. 17. Beschleunigungswege und Vertikalkräfte bei verschiedenen Ausführungen des „counter movement jumps" (modif. nach Hochmuth, 1982, S. 154)

Für den CMJ werden allerdings bei günstigem Kappa-Verhältnis bei zunehmendem Beschleunigungsweg keine Beeinträchtigungen der erreichten Absprunggeschwindigkeit ermittelt. Dies ist nur im Zusammenhang mit einem ungünstigen Kappa-Verhältnis (keine oder eine zu starke Ausholbewegung) der Fall (s. Abb. 18).

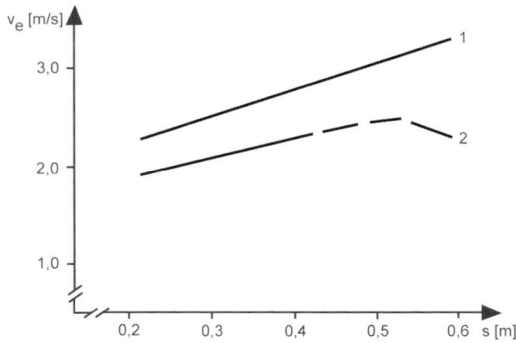

Abb. 18. Absprunggeschwindigkeit v_e (Geschwindigkeit am Ende des Beschleunigungskraftstoßes) in Abhängigkeit vom Beschleunigungsweg s bei beidbeinigen Strecksprüngen; Ergebnis einer Reihenuntersuchung: günstiges (1) und ungünstiges (2) Verhältnis von Brems- zu Beschleunigungsstoß (Kappa-Verhältnis) (modif. nach Hochmuth, 1982, S. 159)

Eine weitere Aussage dieses Prinzips betrifft den geometrischen Verlauf des Beschleunigungsweges. Hochmuth (1982, S. 161-162) fordert, dass der Beschleunigungsweg entweder geradlinig oder stetig gekrümmt sein müsste.

Ein Nachteil gekrümmter Beschleunigungswege ist, dass Kräfte zusätzlich für die Krümmung der Beschleunigungsbahn aufgebracht werden müssen. Vorteil ist, dass durch rotatorisch gekrümmte Beschleunigungsbahnen der Beschleunigungsweg stark verlängert werden kann.

Beim leichtathletischen Hammerwurf mit seiner rotatorischen Bewegung ist der Beschleunigungsweg gegenüber dem Kugelstoß um ein vielfaches verlängert und es können größere Weiten bei gleicher Masse beider Sportgeräte erzielt werden.

2.1.4.4 Prinzip der optimalen Tendenz im Beschleunigungsverlauf

Das Prinzip der optimalen Tendenz im Beschleunigungsverlauf beschreibt verschiedene Beschleunigungs-Zeit-Verläufe für unterschiedliche Zielstellungen der sportlichen Bewegung.

Das Prinzip der optimalen Tendenz im Beschleunigungsverlauf beansprucht Gültigkeit für Bewegungen von starren Widerlagern. Es werden die beiden Zielstellungen des Erreichens einer maximalen Endgeschwindigkeit oder des Benötigens einer minimalen Zeitdauer thematisiert. In Abb. 19 wird bei jeweils gleichem Beschleunigungsweg der Geschwindigkeits-Zeit-Verlauf bei unterschiedlicher Beschleunigungstendenz dargestellt. Die Flächen unter den Geschwindigkeits-Zeit-Kurven stellen den zurückgelegten Beschleunigungsweg dar.

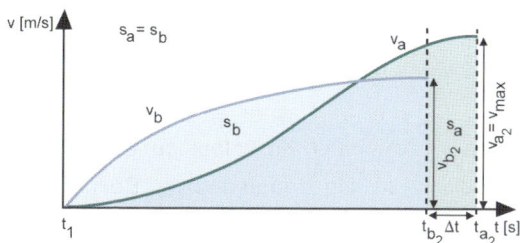

Abb. 19. Unterschiedlicher Geschwindigkeitsverlauf bei gleichem Beschleunigungsweg (modif. nach Hochmuth, 1982, S. 168)

Unter der Zielstellung einer maximalen Endgeschwindigkeit ist die Beschleunigung, d. h. die Steigung der Geschwindigkeit-Zeit-Kurve zu Beginn der Bewegung, gering, mit zunehmender Tendenz. Die maximale Beschleunigung wird erst im letzten Drittel der Bewegung erreicht. Unter der Zielstellung minimaler Zeitdauer liegt von Beginn der Bewegung an eine große Beschleunigung vor, die eine abfallende Tendenz aufweist.

Als Beispiel für eine sportliche Bewegung mit der Zielstellung des Erreichens einer maximalen Endgeschwindigkeit (hier von Hand und Kugel) kann der Kugelstoß gelten. Als Beispiel für das Benötigen einer minimalen Zeitdauer kann dagegen die „Gerade" im Boxen angeführt werden. Hier kommt es zwar auch darauf an, dass die Faust mit ihrer Masse im Ziel eine möglichst große Geschwindigkeit erreicht, um eine entsprechend große Wirkung zu erzielen. Als wichtiger muss jedoch die hierfür benötigte Zeit eingeschätzt werden, die möglichst kleingehalten werden muss, um dem Gegner eine Abwehr des Schlages oder ein Ausweichen zu erschweren.

Der Unterschied im Beschleunigungsverlauf beim 100-m-Lauf und dem Anlauf zum Weitsprung stellt ein weiteres sehr plausibles Beispiel des biomechanischen Prinzips der optimalen Tendenz im Beschleunigungsverlauf dar. Während beim 100-m-Lauf vom Start an eine maximale Beschleunigung mit abnehmender Tendenz vorliegt ist dies beim Weitsprunganlauf gerade umgekehrt.

2.1.4.5 Prinzip der zeitlichen Koordination von Einzelimpulsen

Das Prinzip der zeitlichen Koordination von Einzelimpulsen besagt, dass die durch verschiedene Teilbewegungen produzierten Beschleunigungskraftstöße einer sportlichen Bewegung optimal zeitlich aufeinander abgestimmt sein sollen.

Das Prinzip der zeitlichen Koordination von Einzelimpulsen beansprucht Gültigkeit für Bewegungen vom starren Widerlager unter der Zielstellung des Erreichens maximaler Endgeschwindigkeiten.

Für die Erläuterung dieses Prinzips beschreibt Hochmuth (1982, S. 173-182) Modellrechnungen. Diese Modellrechnungen beziehen sich auf verschiedene Varianten der zeitlichen Koordination von Armschwung- und Beinstreckbewegungen beim CMJ und die insgesamt produzierten Vertikalkräfte. Sie beruhen auf der Erfahrung, dass bei Sprungbewegungen durch Arm- und Beinschwungbewegungen der Beschleunigungskraftstoß vergrößert werden kann. Die bei den Teilbewegungen zuzurechnenden einzelnen Kraftstöße können zur Bestimmung ihrer Gesamtwirkung jedoch nicht einfach addiert werden, da sie sich gegenseitig beeinflussen.

Für den CMJ gelangt Hochmuth (1982, S. 183) zu der Aussage, dass der aufwärts gerichtete Beschleunigungskraftstoß der Armschwungbewegung eine optimale Zeitspanne vor dem Beschleunigungskraftstoß der Streckbewegung beginnen soll. Dies führt zu einer Verlängerung der Beschleunigungskraftstoßdauer der Streckbewegung und damit zu einer vergrößerten Endgeschwindigkeit.

Beim CMJ wird die Teilmasse der Arme durch die Armschwungbewegung zuerst abwärts, dann aufwärts beschleunigt. Die Restmasse des Körpers wird durch Beugung und Streckung der unteren Extremitäten ebenfalls zuerst abwärts, dann aufwärts beschleunigt. Es kommt zu einer Verringerung der aufwärts gerichteten Beschleunigungskräfte der Streckbewegung, wenn die Arme zeitgleich ebenfalls aufwärts beschleunigt werden. Bei einer abwärts gerichteten Beschleunigung der Arme kehrt sich dieser Effekt um.

Bei optimaler zeitlicher Koordination der Absprung- und der Armschwungbewegung eines „counter movement jumps" beträgt der positive Effekt der Armschwungbewegung gegenüber einem CMJ ohne Armschwung etwa 10% (Hochmuth, 1982, S. 180).

2.1.4.6 Prinzip der Gegenwirkung

Zu einer Wirkung besteht immer eine entgegengesetzt gerichtete und gleich große Gegenwirkung ($m_1 \times a_1 = m_2 \times a_2$).

Das Prinzip der Gegenwirkung ist eine direkte Übernahme des dritten Axioms von Newton (actio et reactio).

Das biomechanische Prinzip der Gegenwirkung beansprucht Gültigkeit für Bewegungen mit Drehungen im freien Flug und die Zielstellung einer optimalen Körperhaltung während oder am Ende der Flugphase. Bei sportlichen Bewegungen tritt dieser Effekt sehr häufig auf, z. B. beim Laufen oder bei der Landung zum Weitsprung (s. Abb. 20).

www2146

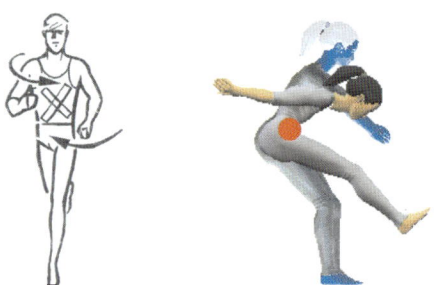

Abb. 20. Prinzip der Gegenwirkung beim Laufen (modif. nach Hochmuth, 1982, S. 183, 185) und beim Weitsprung

*Wenn Sie ruhig auf einem Skateboard stehen und in Roll-
richtung von diesem Skateboard abspringen wollen, werden
Sie sich nur wenig nach vorne bewegen, während das
Skateboard schnell nach hinten wegrollt. Ihre Beschleunigung und die des Skateboards weisen das gleiche Verhältnis auf wie ihre Massen. Springen Sie seitlich vom Skateboard ab, also nicht in Rollrichtung, werden Sie unter der
Voraussetzung eines gleich großen horizontalen Beschleunigungskraftstoßes weiter springen als beim ersten Beispiel.
Im idealen Fall führt die Reibung der Rollen mit dem Unter-
grund dazu, dass sich das Skateboard gar nicht bewegt.
Dann wird das Gesamtsystem (Skateboard + Erde) als zweite Masse verstanden, deren Beschleunigung aufgrund ihrer
immensen Größe nicht wahrnehmbar ist.*

2.1.4.7 Prinzip der Impulserhaltung

Der Gesamtimpuls einer Drehbewegung bleibt erhalten
($J_1 \times \omega_1 = J_2 \times \omega_2$).
Das Prinzip der Impulserhaltung ist eine direkte Übernahme des
Impulserhaltungssatzes.

Das Prinzip der Impulserhaltung beansprucht Gültigkeit für
Bewegungen mit Drehungen im freien Flug und der Zielstellung einer optimalen Körperhaltung während oder am Ende
einer Flugphase sowie für Bewegungen um feste und elastische Achsen in Ebenen, in denen die Schwerkraftrichtung
vorhanden ist.
Durch Bewegungen der Körperteile zueinander kann der
Mensch bei sportlichen Drehbewegungen sein Massenträgheitsmoment und damit die Winkelgeschwindigkeit der
Drehbewegung verändern. So kann z. B. bei einer Saltobe-
wegung durch stark gehockte gegenüber nur leicht gehockter Körperhaltung das Massenträgheitsmoment um die

Hälfte reduziert und damit die Winkelgeschwindigkeit der Saltodrehung verdoppelt werden (s. Abb. 21).

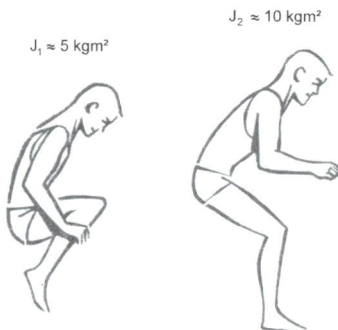

$J_1 \approx 5\ kgm^2$

$J_2 \approx 10\ kgm^2$

Abb. 21. Größe der Massenträgheitsmomente bei stark gehockter (J1) und nur leicht gehockter (J2) Körperhaltung (modif. nach Hochmuth, 1982, S. 187)

Bei Pirouetten im Eiskunstlauf wird das Massenträgheitsmoment durch Heranführen der Arme an die Drehachse reduziert und die Winkelgeschwindigkeit entsprechend erhöht.

Bei der Riesenfelge am Reck beugt der Turner in der Aufschwungphase leicht die Hüfte und nähert dadurch den KSP an die Drehachse, die Reckstange, an. Dies bedeutet eine Verringerung des Massenträgheitsmoments und eine Steigerung der Winkelgeschwindigkeit in dieser Phase der Bewegung. Dadurch wird eine mehrmalige Durchführung von Riesenfelgen hintereinander trotz der auftretenden Reibungsverluste ermöglicht. Es können sogar von Riesenfelge zu Riesenfelge stark zunehmende Winkelgeschwindigkeiten produziert werden, wie sie zur Vorbereitung von Abgängen notwendig sind.

2.1.4.8 Zur Kritik von Hatze

Die biomechanischen Prinzipien von Hochmuth haben sich durch wissenschaftliche Diskussionen, vor allem in den 70er Jahren, ständig weiter entwickelt. Die Kritik von Hatze (1976) hat zu den stärksten Modifikationen der biomechanischen Prinzipien geführt. In Hochmuths damals vorliegender Fassung beanspruchten sie eine sehr viel stärkere Allgemeingültigkeit. Gruppen strukturverwandter Bewegungsabläufe und unterschiedliche Zielstellungen wurden erst später differenziert.

Hatze (1976) führte eine damals vielbeachtete Untersuchung durch (s. Abb. 22). Er entwickelte das theoretische Modell einer optimalen Kickbewegung und prüfte sein Modell erfolgreich auf empirische Gültigkeit. Randbedingungen der Modellierung waren u. a. die anthropometrischen Daten einer bestimmten Versuchsperson sowie Bedingungen der Bewegungsaufgabe. Die Versuchsperson steht mit dem linken Bein auf einem Podest. Am rechten Bein ist eine Masse von 10 kg befestigt. Das Bein kann frei vorwärts und rückwärts schwingen. Es ist Zielstellung der Bewegung, mit dem rechten Fuß in möglichst kurzer Zeit einen vor der Versuchsperson angebrachten Zielpunkt zu erreichen.

2.1.1.2

Das Modell berücksichtigte die Bahn des rechten Fußes (Beschleunigungsweg), die Ein- und Ausschaltzeitpunkte der beteiligten Muskeln und andere Parameter. Die Ergebnisse zeigten u. a., dass keine Ausholbewegung durchgeführt wird. Das biomechanische Prinzip der Anfangskraft besitzt demzufolge für diese Aufgabe keine Gültigkeit. Ein anderer Aspekt bezieht sich auf den geometrischen Verlauf des Beschleunigungsweges. Der Beschleunigungsweg der

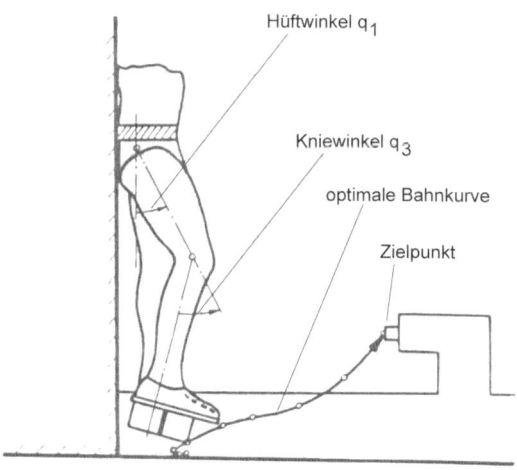

Abb. 22. Die Untersuchungssituation von Hatze (Hatze, 1976, S. 165)

optimalen Kickbewegung ist nicht geradlinig oder stetig gekrümmt. Dies bedeutet, dass das biomechanische Prinzip des optimalen Beschleunigungsweges für diese Bewegung ebenfalls keine Gültigkeit besitzt.

Für beide Prinzipien wurde nach der Kritik von Hatze (1976) der Gültigkeitsanspruch auf die Zielstellung des Erreichens einer maximalen Endgeschwindigkeit reduziert.

2.1.5 Biomechanische Technikanalyse

2.1.5.1 Überblick

Die biomechanische Technikanalyse liefert dem Trainer Hinweise auf die im Techniktraining besonders zu berücksichtigenden biomechanischen Merkmale. Mit ihrer Anwendung werden biomechanische Einflussgrößen bestimmt, die Einflusshöhe der Einflussgrößen geschätzt und individuelle Technikdefizite ermittelt.

Die biomechanische Technikanalyse stellt im Gegensatz zu den biomechanischen Prinzipien ein Verfahren dar, mit dem Technikdefizite eines bestimmten Sportlers bei einer bestimmten sportlichen Technik festgestellt werden können. Besonders im Hochleistungssport liefert die biomechanische Technikanalyse dem Trainer Hinweise auf diejenigen Merkmale der Technik des Sportlers, deren Veränderung eine Verbesserung der sportlichen Leistung erwarten lassen.

Die biomechanische Technikanalyse beinhaltet drei Schritte. Im ersten Schritt werden von der Vielzahl biomechanischer Merkmale einer sportlichen Technik diejenigen bestimmt, die einen Einfluss auf die sportliche Leistung besitzen, die mit dieser Technik erzielt werden soll.

So ist es z. B. sehr unwahrscheinlich, dass die Länge des fünften Anlaufschrittes zum Weitsprungabsprung als translatorisches biokinematisches Merkmal dieser Technik einen Einfluss auf die Weitsprungleistung hat. Die Anlaufgeschwindigkeit, die biomechanisch als mittlere Horizontalgeschwindigkeit des KSP in der Flugphase des letzten Anlaufschrittes verstanden werden kann, wird dagegen die Weitsprungleistung mit großer Wahrscheinlichkeit beeinflussen.

Im zweiten Schritt der biomechanischen Technikanalyse soll die Einflusshöhe der im ersten Schritt identifizierten biomechanischen Einflussgrößen geschätzt werden.

Dies geschieht, um die Wichtigkeit der im ersten Schritt bestimmten biomechanischen Einflussgrößen für die Verbesserung der sportlichen Leistung der Technik beurteilen zu können.

Im dritten Schritt werden die sportlichen Leistungen der Technik sowie die bedeutendsten biomechanischen Einflussgrößen verschiedener Sportler in Beziehung gesetzt, um die individuellen Defizite eines bestimmten Sportlers bestimmen zu können.

2.1.5.2 Bestimmung biomechanischer Einflussgrößen

Zur Bestimmung biomechanischer Einflussgrößen werden die Beziehungen potentieller Einflussgrößen mit der Zielgröße untersucht. Um deterministische Beziehungen aufzudecken, wird die Bewegung theoretisch-biomechanisch untersucht. Um statistische Beziehungen aufzudecken, werden biomechanische Merkmale und Zielgrößen verschiedener Sportler gemessen und ihr korrelativer Zusammenhang untersucht.

Unter Bezug auf Ballreich (1988c) soll die Bestimmung biomechanischer Einflussgrößen anhand der Beispiele Hochsprung und Weitsprung erläutert werden.

Unter der Annahme, das sportliche Ziel einer Hochsprungtechnik sei ausschließlich eine möglichst große Flughöhe des KSP, ist der vertikale Beschleunigungskraftstoß als biomechanische Einflussgröße allein aufgrund des theoretischen Zusammenhangs zu bestimmen. Bei gegebener Masse m eines Hochspringers führt ein bestimmter vertikaler

Beschleunigungskraftstoß Δp_z zu einer bestimmten KSP-Flughöhe H_{KSP} (s. Abb. 23). In diesem Fall liegt eine deterministische Beziehung zwischen der Einflussgröße (vertikaler Beschleunigungskraftstoß) und der Zielgröße (KSP-Flughöhe) vor.

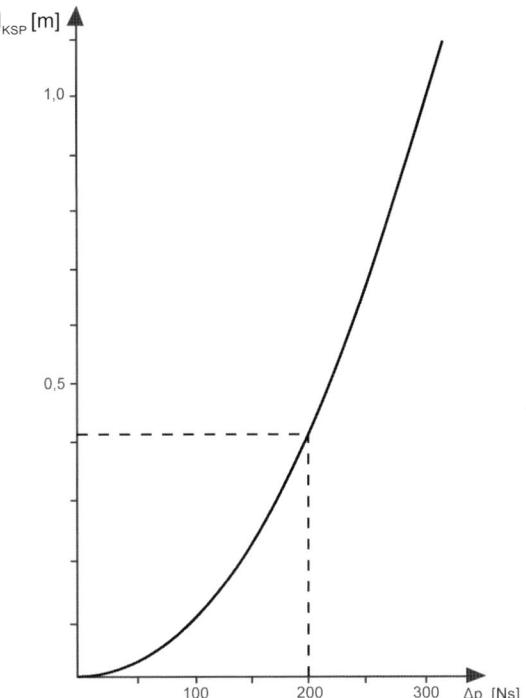

Abb. 23. Schaubild der Funktion H_{KSP} = f(Δp_z;m) (Ballreich, 1988c, S. 116)

Wenn wir in einer realistischeren Annahme davon ausgehen, dass die Zielgröße im Hochsprung die Sprunglattenhöhe ist, die ich mit meiner Hochsprungtechnik in der Flugphase überquere, ist die Beziehung eine andere. Neben der

KSP-Flughöhe, die durch den vertikalen Beschleunigungs-kraftstoß eindeutig bestimmt wird, wird die Sprunglattenhö-he in der Phase der Lattenüberquerung zusätzlich durch Merkmale der Körperhaltung beeinflusst. Bei der biomecha-nischen Analyse mehrerer Hochsprünge von verschiedenen Sportlern wird es grundsätzlich zutreffen, dass bei einem größeren vertikalen Beschleunigungskraftstoß Δp_z auch eine größere Sprunglattenhöhe H_L auftritt. Dies wird allerdings nicht für jeden einzelnen Fall gelten (s. Abb. 24). Die Beziehung zwischen Zielgröße und Einflussgröße wird

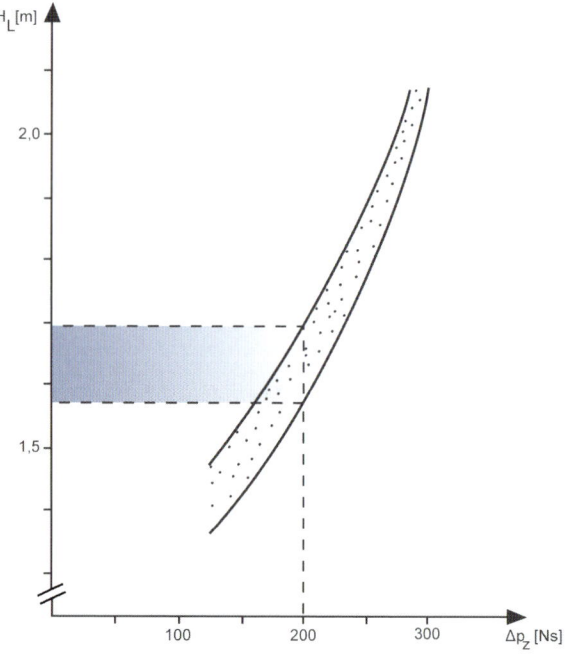

Abb. 24. Schaubild der empirischen Funktion $H_L = g(\Delta p_z;m)$ (modif. nach Ballreich, 1988c, S. 116)

in diesem Fall statistische Beziehung genannt. Hierzu werden die Techniken verschiedener Sportler biomechanisch analysiert. Es werden jeweils die Zielgröße und verschiedene biomechanische Merkmale, die potentielle biomechanische Einflussgrößen darstellen, gemessen. Liegen alle Daten vor, werden die statistischen Beziehungen jedes gemessenen biomechanischen Merkmals mit der Zielgröße im Sinne der Abb. 24 analysiert.

Statistischer Prüfansatz ist die Korrelation. Korrelieren biomechanisches Merkmal und Zielgröße, ist das biomechanische Merkmal als biomechanische Einflussgröße einzuschätzen. Korrelieren beide Größen nicht, stellt das Merkmal keine biomechanische Einflussgröße dar.

Die Beziehung zwischen einer biomechanischen Einflussgröße und der Zielgröße kann darüber hinaus regressions-

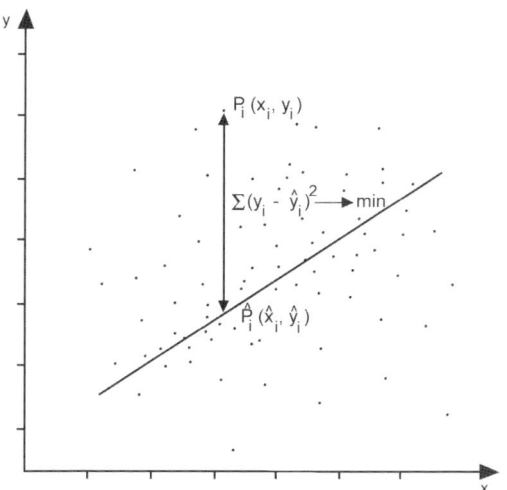

Abb. 25. Beispiel einer regressionsanalytischen Funktion Y = f(X) (in Anlehnung an Ballreich, 1988c, S. 124)

analytisch durch eine Funktion bestimmt werden (Abb. 25). Dies bedeutet vereinfacht, dass aufgrund der ermittelten statistischen Beziehung jedem Wert der biomechanischen Einflussgröße mit einer bestimmten Wahrscheinlichkeit ein Wert der resultierenden Zielgröße zugeordnet werden kann.

Für das Beispiel Weitsprung können auf theoretischem Wege die Teilweiten W_1, W_2 und W_3, die additiv die Zielgröße „Sprungweite W" ergeben, identifiziert werden.

Die Teilweite W_1 ist die parallel zur Anlauf- und Sprungrichtung liegende Distanz zwischen der Vorderkante des Absprungbalkens und der senkrechten Projektion des KSP im Moment des Abfluges. Die Teilweite W_2 ist in der gleichen Richtung die Distanz zwischen der vertikalen Projektion des KSP im Moment des Abfluges zur vertikalen Projektion des KSP im Moment der ersten Bodenberührung der Landung. Die Teilweite W_3 stellt die Distanz der vertikalen Projektion des KSP im Moment der ersten Bodenberührung zur Landung mit dem zur Bestimmung der Sprungweite W herangezogenen Landepunkt dar. Die biomechanischen Merkmale W_1, W_2 und W_3 stellen demnach additiv-deterministische Einflussgrößen der Sprungweite W dar (s. Abb. 26).

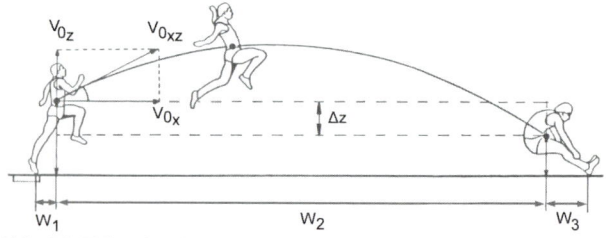

Abb. 26. Teilweiten W_{1-3} der Sprungweite W (Ballreich, 1988c, S. 128)

Es werden Einflussgrößen 1., 2., ... n-ter Ordnung erhoben, indem die ermittelten Einflussgrößen (n-1)-ter Ordnung als Zielgrößen angesehen werden.

Da die Teilweite W_2 den weitaus größten Teil der Sprungweite W ausmacht, wird diese jetzt zur Zielgröße erhoben, und es werden die Beziehungen zwischen verschiedenen biomechanischen Merkmalen des Absprungverhaltens und der Teilweite W_2 untersucht (s. Abb. 27). Anders ausgedrückt suchen wir nach den Einflussgrößen zweiter Ordnung im Bezug auf eine Einflussgröße erster Ordnung, die jetzt Zielgröße wird.

Als statistische Einflussgrößen der Teilweite W_2 wurden die horizontale Abfluggeschwindigkeit des KSP (v_{0_x}), die vertikale Abfluggeschwindigkeit des KSP (v_{0_z}) und die Höhendifferenz ΔH des KSP zwischen Abflug- und Landezeitpunkt ermittelt (Ballreich, 1970). Gehen wir beispielhaft für die

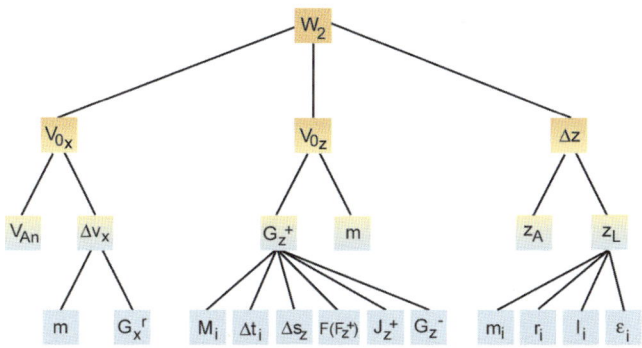

Abb. 27. Biomechanische Einflussgrößen der Flugweite W_2 (Übersichtsdarstellung) (modif. nach Ballreich & Baumann, 1982, S. 117-118)

horizontale Abfluggeschwindigkeit des KSP noch einen Schritt weiter, so werden hier als Einflussgrößen dritter Ordnung die Anlaufgeschwindigkeit (v_{An}) und die Abnahme der Anlaufgeschwindigkeit während des Absprungs (Δv_x) gefunden.

2.1.5.3 Schätzung der Einflusshöhe der Einflussgröße

Es werden die Einflusshöhen der Einflussgrößen geschätzt, indem in den Regressionen von Einfluss- auf Zielgrößen die Einflussgrößen ausgehend vom Mittelwert um eine Standardabweichung variiert und die Effekte auf die Zielgröße verglichen werden.

Für die Schätzung der Einflusshöhe der Einflussgrößen wollen wir beim Weitsprung-Beispiel bleiben. Es soll ermittelt werden, welche der beiden Einflussgrößen zweiter Ordnung, die horizontale oder die vertikale Abfluggeschwindigkeit des KSP, einen größeren Einfluss auf die Teilweite W_2 der Weitsprungleistung W haben.

Tab. 7 zeigt Gruppenmittelwerte und Standardabweichungen der Flugweite W sowie der horizontalen und der vertikalen Abfluggeschwindigkeit des KSP einer Gruppe von Weitspringern. In Abb. 28 und Abb. 29 finden sich diese Werte wieder.

In Abb. 28 ist auf der y-Achse die Teilweite W_2, auf der x-Achse eine Einflussgröße, die horizontale Abfluggeschwindigkeit des KSP (v_{0_x}), dargestellt. Eingetragen ist die Gerade, die die Beziehung von v_{0_x} und W_2 widerspiegelt. Es kann abgelesen werden, dass bei Vorliegen des Mittelwertes der horizontalen Abfluggeschwindigkeit von 9,10 m/s (Tab. 7) im Mittel eine Teilweite W_2 von ca. 7,32 m erreicht wird. Bei einer theoretischen Erhöhung der horizontalen

Abfluggeschwindigkeit des KSP um den Betrag einer Standardabweichung (0,30 m/s, s. Tab. 7), ergibt sich eine Zunahme der Teilweite W_2 von ca. 0,35 m auf ca. 7,57 m.

Tab. 7. *Gruppenmittelwerte und Standardabweichungen kinematischer Merkmale einer Weitspringergruppe (modif. nach Nigg, 1973, S. 265; aus Ballreich, 1988c, S. 127)*

		Gruppen-mittelwert x̄	Standardab-weichung s
Sprungweite W	7,98 - 7,18 (m)	7,60 (m)	0,25 (m)
horiz. Abflugge-schwindigkeit v_{0_x}	9,70 - 8,40 (m/s)	9,10 (m/s)	0,30 (m/s)
vertik. Abflugge-schwindigkeit v_{0_z}	3,50 - 3,00 (m/s)	3,20 (m/s)	0,04 (m/s)

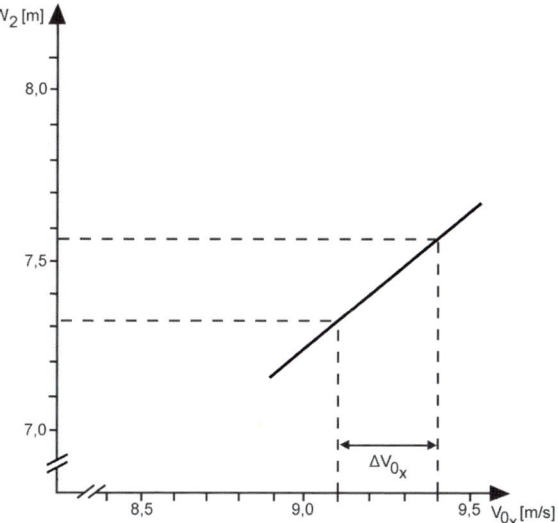

Abb. 28. Flugweite W_2 in Abhängigkeit von der horizontalen Abfluggeschwindigkeit v_{0_x} bei einer konstanten Höhendifferenz Δz = 0,6 m zwischen Abflug- und Landehöhe und konstanter vertikaler Abfluggeschwindigkeit v_{0_z} = 3,2 m/s; Δv_{0_x} = s(v_{0_x}) = 0,3 m/s (Ballreich, 1988c, S. 128)

Abb. 29 zeigt den gleichen Sachverhalt, nur dass hier anstelle der horizontalen Abfluggeschwindigkeit die vertikale Abfluggeschwindigkeit des KSP dargestellt ist.

Wir sehen hier, dass bei einer Erhöhung der vertikalen Abfluggeschwindigkeit des KSP um den Betrag einer Standardabweichung (hier 0,04 m/s, s. Tab. 7) nur eine Zunahme der Teilweite W_2 und im Mittel ca. 0,06 m resultiert. Nach diesen Ergebnissen ist die Einflusshöhe der horizontalen Abfluggeschwindigkeit des KSP auf die Teilweite W_2 als wesentlich höher einzuschätzen, als die der vertikalen Abfluggeschwindigkeit des KSP.

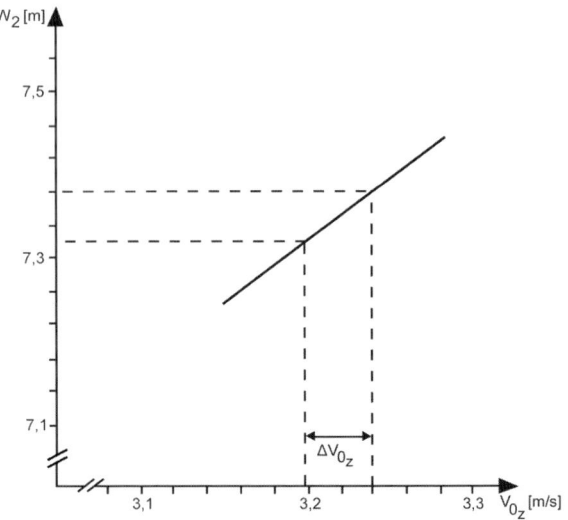

Abb. 29. Flugweite W_2 in Abhängigkeit von der vertikalen Abfluggeschwindigkeit v_{0_z} bei einer konstanten Höhendifferenz $\Delta z = 0,6$ m zwischen Abflug- und Landehöhe und konstanter horizontaler Abfluggeschwindigkeit $v_{0_x} = 9,1$ m/s; $\Delta v_{0_z} = s(v_{0_z}) = 0,04$ m/s (Ballreich, 1988c, S. 128)

Es scheint dies ein relativ einfacher und attraktiver Weg für die Schätzung der Einflusshöhen verschiedener Einflussgrößen zu sein. Zu beachten ist jedoch zweierlei: Zur theoretischen Variation der jeweiligen Einflussgrößen werden ihre Standardabweichungen herangezogen. Hierfür ist die Normalverteilung der jeweiligen Einflussgröße Voraussetzung, die jedoch nicht unbedingt immer gegeben sein muss. Zum anderen wird davon ausgegangen, dass bei der theoretischen Variation einer Einflussgröße die anderen Einflussgrößen konstant bleiben. In Abb. 28 wird z. B. davon ausgegangen, dass bei einer Erhöhung der horizontalen Abfluggeschwindigkeit des KSP um 0,3 m/s die vertikale Abfluggeschwindigkeit des KSP konstant bei 3,2 m/s und die Höhendifferenz des KSP Δz ebenso konstant bei 0,6 m bleibt. Dies erscheint in der Weitsprungpraxis jedoch fraglich zu sein. Eine direkte Übertragung der theoretisch ermittelten Effekte auf die Teilweite W_2 erscheint deshalb bei den Fällen nicht möglich zu sein, bei denen eine wechselseitige Unabhängigkeit der Einflussgrößen nicht vorliegt.

2.1.5.4 Individuelle Diagnose

Zur individuellen Diagnose technischer und konditioneller Mängel eines Sportlers einer Sportart werden seine Werte der Zielgröße und der wichtigsten Einflussgrößen mit denen anderer Sportler dieser Sportart in Beziehung gesetzt.

In Tab. 8 werden die ermittelten Weitsprungleistungen einer Gruppe von Springern fünf verschiedenen Bewertungsklassen mit jeweils einer Bewertungsziffer zugeordnet. Das Gleiche geschieht mit den Einflussgrößen. In Tab. 9 ist aufgeführt, wie die Springer A bzw. B einzuordnen wären.

Springer A liegt bezüglich der Sprungweite und der Einflussgröße „Anlaufgeschwindigkeit" in Klasse 1. Bezüglich der
Einflussgröße „Geschwindigkeitsabnahme im Absprung" ist
er jedoch nur in Klasse 4 einzuordnen. Aus einer extrem
überdurchschnittlichen Anlaufgeschwindigkeit und einer un-
terdurchschnittlichen Geschwindigkeitsabnahme im Absprung resultiert eine nur durchschnittliche horizontale Abfluggeschwindigkeit des KSP. Bei der Einflussgröße „vertikale Abfluggeschwindigkeit des KSP" wird Springer A wiederum in Klasse 1 eingeteilt während er bei der Einflussgröße

Tab. 8. *Zuordnung zwischen Sprungweite und Bewertungsklasse
(Ballreich, 1983, S. 54)*

Sprungweite	Bewertungsklasse	Bewertungsziffer
7,03 m - 6,90 m	extrem überdurchschnittlich	1
6,89 m - 6,76 m	überdurchschnittlich	2
6,75 m - 6,62 m	durchschnittlich	3
6,61 m - 6,48 m	unterdurchschnittlich	4
6,47 m - 6,34 m	extrem unterdurchschnittlich	5

Tab. 9. *Biomechanische Diagnose von individuellen bewegungs-
technischen (und/oder konditionellen) Mängeln (Ballreich, 1983,
S. 55)*

Weit-springer	Sprung-weite	Anlaufge-schwin-digkeit	Geschwin-digkeitsab-nahme im Absprung	Abflugge-schwindigkeit horiz. vert.		Lande-weite
	[m]	[m/s]	[m/s]	[m/s]		[m]
A	7,03	10,0	1,9	8,1	3,5	0,41
Bewertungs-Ziffer	(1)	(1)	**(4)**	(3)	(1)	**(5)**
B	6,70	10,2	1,5	8,7	2,8	0,58
Bewertungs-Ziffer	(3)	(1)	(2)	(1)	**(4)**	(1)

„Landeweite" nur Klasse 5 erreicht. Aus dieser Auflistung kann der Trainer Schlüsse ziehen und in diesem Fall möglicherweise ein verstärktes Training der Weitsprung-Landetechnik planen. Bei Springer B fällt die schlechte Einordnung der Einflussgröße „vertikale Abfluggeschwindigkeit des KSP" auf. Auch hier könnte möglicherweise auf ein verstärktes Training der Absprungtechnik, evtl. kombiniert mit einem intensivierten Sprungkrafttraining, geschlossen werden. In beiden Fällen bleibt jedoch offen, wie sich eine durch die Veränderung der Sprungtechnik bedingte Modifikation der horizontalen bzw. der vertikalen Abfluggeschwindigkeit des KSP wechselseitig auswirken.

2.2 Morphologische Bewegungsanalyse

2.2.1 Begriffsbestimmung und Ziele der morphologischen Bewegungsanalyse

Die morphologische Bewegungsanalyse zerlegt sportliche Bewegungsabläufe in direkt wahrnehmbare Merkmale der äußeren Form oder Gestalt und untersucht deren Beziehungen.

Die Morphologie ist die Lehre von der äußerlich wahrnehmbaren Form oder Gestalt eines Sachverhalts. Anders als die biomechanische Bewegungsanalyse arbeitet die morphologische Bewegungsanalyse mit Merkmalen, die der Lehrer oder Trainer direkt wahrnehmen kann. Das Kappa-Verhältnis beim CMJ kann als biomechanisches Merkmal mit Hilfe einer dynamometrischen Plattform über die Messung des vertikalen Kraft-Zeit-Verlaufs bestimmt werden, direkt visuell oder auditiv wahrnehmbar ist es jedoch nicht. Ein morphologisches Merkmal in diesem Zusammenhang könnte der Bewegungsumfang sein. Als Merkmal der räumlichen Ausdehnung einer Bewegung würde es die visuell durchaus wahrnehmbare „Tiefe der Ausholbewegung" widerspiegeln, die mit dem biomechanischen Merkmal „Beschleunigungsweg des KSP" operationalisiert werden könnte.

Die morphologischen Bewegungsmerkmale dienen dazu, die Aufmerksamkeit des Lehrers oder Trainers bei der Beobachtung von Bewegungsausführungen der Schüler oder der Trainierenden vorab auf das wesentliche der Bewegung zu lenken. Da in vielen Lehr- oder Trainingssituationen biomechanische Messgeräte nicht zur Verfügung stehen, stellt die Beobachtung durch den Lehrer oder Trainer die weitaus häufigste und damit wichtigste Art der Erfassung sportlicher Bewegungsabläufe in Lehr- oder Trainingsprozessen dar.

Die morphologischen Bewegungsmerkmale nach Schnabel (1998a):

1. Struktur sportlicher Bewegungsakte
2. Bewegungsrhythmus
3. Bewegungskopplung
4. Bewegungsfluss
5. Bewegungspräzision
6. Bewegungskonstanz
7. Bewegungsstärke
8. Bewegungstempo
9. Bewegungsumfang

Wir beziehen uns auf die morphologischen Bewegungsmerkmale nach Schnabel (1977, 1987a, 1998a); die erstmals von Meinel beschrieben wurden (1960, 1966), weil dieser Ansatz gegenüber anderen Ansätzen (z. B. von Fetz 1972, 1980) die größere Verbreitung gefunden hat.

2.2.2 Morphologische Bewegungsmerkmale

2.2.2.1 Die Struktur sportlicher Bewegungsakte

Die Begriffe „Analyse" und „Struktur" stehen in einer Wechselbeziehung. Die Struktur eines Gegenstandes oder eines Sachverhaltes ist das, was man bei seiner Analyse vorfindet. Die Struktur einer sportlichen Bewegung stellt also das Ergebnis ihrer Analyse dar. Dies bedeutet gleichzeitig, dass es nicht eine einzige Struktur einer sportlichen Bewegung geben kann, sondern mehrere, die in Abhängigkeit von der Art und dem Ziel der Bewegungsanalyse ermittelt werden. Die Rede ist hier von der morphologischen Bewegungsstruktur.

Die Elemente der morphologischen Grundstruktur sportlicher Bewegungen sind die Vorbereitungs-, die Haupt- und die Endphase der Bewegung.

In der Hauptphase soll die gestellte Bewegungsaufgabe direkt gelöst werden. Die vorangehende Vorbereitungsphase soll die Hauptphase optimal vorbereiten. In der Endphase soll das am Schluss der Hauptphase oft labile Gleichgewicht stabilisiert werden.

Abb. 30 beschreibt die Elemente der morphologischen Grundstruktur sportlicher Bewegungen und die Beziehungen der Elemente. Die Beziehungen zwischen der Vorbereitungs- und der Hauptphase können biomechanischer oder physiologischer Natur sein. Es werden Zweck- und Ergebnisbeziehungen unterschieden.

Ist es z. B. beim Einwurf Aufgabe, den Ball möglichst weit zu werfen, beginnt die Hauptphase in dem Moment, in dem der Ball von seiner in Wurfrichtung hintersten Position beschleunigt wird und endet mit dem Loslassen des Balles (s. Abb. 31). Beim CMJ mit der Aufgabe des Erreichens einer maxi-

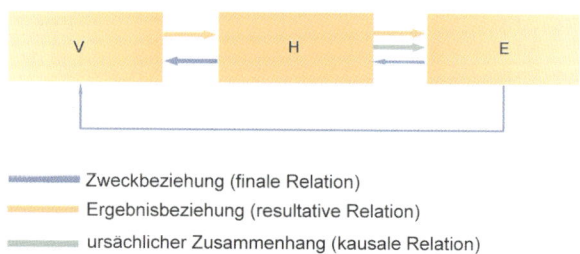

━━━━ Zweckbeziehung (finale Relation)
━━━━ Ergebnisbeziehung (resultative Relation)
━━━━ ursächlicher Zusammenhang (kausale Relation)

Abb. 30. Die drei Phasen sportlicher Bewegungen und ihre Relationen (modif. nach Schnabel, 1998a, S. 83)

malen Sprunghöhe beginnt die Hauptphase zum Zeitpunkt der tiefsten Position während der Ausholbewegung und endet zum Zeitpunkt des Abfluges. Die Vorbereitungsphase wird in vielen Fällen durch eine Ausholbewegung, bei einigen sportlichen Bewegungen zusätzlich durch Anlauf-, Anschwung- oder Angleitbewegungen realisiert. Beim Einwurf erscheint die Stabilisierung in der Endphase unproblematisch und auch beim CMJ ist die Aufgabe der Gleichgewichtskontrolle in der Flugphase mit der anschließenden Leistung von geringer Bedeutung. Anders sieht es jedoch beim Kugelstoßen aus. Hier soll in der Endphase ein Übertreten vermieden werden.

www2221   *Abb. 31.* Die drei Phasen sportlicher Bewegungen am Beispiel des Einwurfs (in Anlehnung an Schnabel 1998a, S. 79)

Zweckbeziehung zwischen Vorbereitungs- und Hauptphase bedeutet, dass der Zweck der Vorbereitungsphase in der Vorbereitung der Hauptphase liegt. Die Art und Weise der Durchführung der Vorbereitungsphase hängt also demnach neben einschränkenden Regelbedingungen von der Hauptphase ab. Ergebnisbeziehung meint hier, dass die Durchführung der Hauptphase und damit das Lösen der gestellten Bewegungsaufgabe vom Ergebnis der Vorbereitungsphase abhängt.

Zweckbeziehung zwischen Haupt- und Endphase bedeutet, dass der Zweck der Endphase die Ausführung der Hauptphase beeinflusst. Ergebnisbeziehung meint hier, dass das Ergebnis der Hauptphase die Ausführung der Endphase beeinflusst. Kausale Beziehung bedeutet, dass der Hauptphase zwangsläufig eine relativ genau bestimmte und nur geringfügig variable Endphase folgen muss.

Wenn man z. B. beim CMJ nur 50% seiner maximalen Sprunghöhe realisieren will, wird man während der Ausholbewegung nicht so tief gehen wie bei Maximalsprüngen (Zweckbeziehung). Kann man z. B. beim Blocksprung im Volleyball aus Zeitgründen nur geringfügig ausholen, ist das Erreichen einer maximalen Sprunghöhe nicht möglich. Beim CMJ folgt der Hauptphase zwangsläufig eine Flugphase mit anschließender Landung, unabhängig davon, wie diese aussieht (Kausalbeziehung).

Ein Ergebnis der Hauptphase der Kugelstoßbewegung wäre z. B. die Horizontalgeschwindigkeit des KSP. In der Endphase muss diese Geschwindigkeit auf null abgebremst werden, um ein Übertreten zu verhindern. Die Höhe der horizontalen KSP-Geschwindigkeit wird die Ausführung der Endphase maßgeblich beeinflussen (Ergebnisbeziehung). Bei unserem Beispiel soll ein Übertreten verhindert werden. In der Endphase stehen hierfür nur beschränkte Möglichkeiten zur Verfügung. Es sollte daher vermieden werden, am Ende der Hauptphase des Kugelstoßes eine zu große Horizontalgeschwindigkeit des KSP zu produzieren (Zweckbeziehung).

Die beschriebene Grundstruktur wird bei azyklischen und zyklischen Bewegungen verschieden variiert und abgewandelt.

Bei azyklischen Bewegungen, d. h. bei einmalig ausführbaren Bewegungen mit einer Hauptphase, sind die wichtigsten Varianten die mehrfache Ausholbewegung und die Unterdrückung der Ausholbewegung.

Bei zyklischen Bewegungen, d. h. bei mehrfach nacheinander ausgeführten gleichartigen Bewegungen mit jeweils einer Hauptphase, gehen die jeweiligen End- und Vorbereitungsphasen direkt ineinander über. Dieses Phänomen wird „Phasenverschmelzung" genannt. Es liegt dann eine Zweiphasigkeit mit jeweils einer Haupt- und einer Zwischenphase vor.

Die mehrfache Ausholbewegung sieht man z. B. beim mehrfachen Anschwingen zur Vorbereitung des Diskuswurfs. Die Unterdrückung der Ausholbewegung findet häufig in den Sportspielen statt, um dem Gegenspieler das Erkennen der eigenen Absicht und ein frühzeitiges Eingreifen zu erschweren.

Werden z. B. mehrere CMJs hintereinander ausgeführt (Schlusshüpfen) gehen die Endphase des n-ten Schlusshüpfers und die Vorbereitungsphase des n+1-ten Schlusshüpfers direkt ineinander über.

Bei alternierend zyklischen Bewegungen, z. B. der Kraul-Armbewegung, fällt die Hauptphase der rechten Körperseite mit der Zwischenphase der linken Körperseite zusammen und umgekehrt. Bei Sukzessivkombinationen (z. B. die Folge Flick-Flak, Salto rückwärts im Bodenturnen) findet ebenfalls eine Phasenverschmelzung statt. Bei Simultankombinationen, z. B. beim Fangen und Werfen des Balles während des Laufens im Handball, werden zwei Bewegungen mit selbständiger Funktion gleichzeitig ausgeführt.

2.2.2.2 Bewegungsrhythmus und Bewegungskopplung

Der Bewegungsrhythmus beschreibt die zeitliche Ordnung einer sportlichen Bewegung.

Der Objektrhythmus kann sich im Kraft-Zeit-Verlauf oder aber auch im räumlich-zeitlichen Verlauf der Bewegung widerspiegeln. Er stellt den messbaren oder von außen wahrnehmbaren Rhythmus einer Bewegung dar. Wie der Sportler den Rhythmus einer Bewegung selbst wahrnimmt, gibt der Subjektrhythmus wieder.

Bei einer zyklischen Bewegung, dem Schlusshüpfen, könnte der Objektrhythmus z. B. durch die jeweiligen vertikalen Maxima des Kraft-Zeit-Verlaufs eine biomechanische Operationalisierung erfahren. Bei der Beobachtung des Schlusshüpfens durch eine Lehrperson kann der Rhythmus durch die zeitliche Abfolge der vertikalen Umkehrpunkte wahrgenommen werden (räumlich-zeitlicher Verlauf). Den Subjektrhythmus beim Schlusshüpfen werden z. B. die Zeitpunkte maximaler Muskelspannungen in der Streckmuskulatur der unteren Extremitäten in ihrer zeitlichen Abfolge darstellen.

Azyklische Bewegungen unterliegen ebenfalls einem bestimmten Rhythmus. Charakteristische Zeitpunkte, die dem Rhythmus z. B. des CMJs ausmachen, könnten bei der Beobachtung durch eine Lehrperson sein: 1. Bewegungsbeginn, 2. Zeitpunkt der vertikalen Bewegungsumkehr während der

Ausholbewegung, 3. Zeitpunkt der vertikalen Bewegungs-umkehr in der Flugphase, 4. Zeitpunkt der Landung.

Am erstgenannten Beispiel wird deutlich, dass Objekt- und Subjektrhythmus zwar nicht bezüglich der zugrunde liegenden charakteristischen Zeitpunkte aber sehr wohl bezüglich der dazwischen liegenden Intervalle übereinstimmen. Diese Übereinstimmung von Objekt- und Subjektrhythmus macht es möglich, das Merkmal zur Unterstützung motorischer Lernprozesse z. B. durch akustische Rhythmusvorgaben oder -hilfen direkt einzusetzen.

Das Merkmal Bewegungskopplung beschreibt den Zusammenhang von Teilbewegungen. Es werden die vier Aspekte Schwungübertragung, zeitliche Verschiebung von Teilbewegungen, Formen des Rumpfeinsatzes und Steuerfunktion des Kopfes unterschieden.

Im Gegensatz zu den Phasen der Struktur sportlicher Bewegungsakte, die auch als Teilbewegungen verstanden werden können, handelt es sich bei der Bewegungskopplung um Teilbewegungen verschiedener Teile des Körpers: des Rumpfes, der Beine, der Arme und des Kopfes. Es soll hiermit eine differenziertere morphologische Analyse sportlicher Bewegungen ermöglicht werden, als es mit der Phasenstruktur alleine realisierbar wäre.

Die Schwungübertragung behandelt die Kopplung von Schwungbewegungen und Abdruckbewegungen.

Die Schwungübertragung kann zum einen durch ein Abbremsen der Schwungbewegung und die nach dem biome-
2.1.4.6 chanischen Prinzip der Gegenwirkung hieraus resultierende Beschleunigung des Restkörpers erklärt werden. Dies ist

z. B. bei der Nackenkippe im Bodenturnen zu beobachten. Das Abbremsen der durch eine Hüftstreckung hervorgerufenen Beinbewegung führt zu einer Schwungübertragung auf den Restkörper. Für den CMJ mit Armschwung wird die Schwungübertragung durch die reaktive Wirkung der Aufwärtsbeschleunigung der Arme auf den Restkörper und eine dadurch verursachte Verlängerung des Beschleunigungskraftstoßes der Beinstreckung übertragen (biomechanisches Prinzip der zeitlichen Koordination von Einzelimpulsen).

2.1.4.5

Bei einer Vielzahl sportlicher Bewegungen ist eine zeitliche Verschiebung des Bewegungsbeginns rumpfnaher Teilbewegungen und des Bewegungsbeginns der Körperendglieder festzustellen.

Beim CMJ liegt am Ende der Ausholbewegung der Beginn der Hüftstreckung zeitlich vor dem Beginn der Streckung im Kniegelenk und dieser wiederum vor dem Beginn der Streckung im Fußgelenk. Als Begründung hierfür wird vor allem angesehen, dass am Bewegungsbeginn größere Trägheitskräfte überwunden werden müssen, für die die kräftigeren rumpfnahen (proximalen) Muskelgruppen besser geeignet sind. Eine weitere Begründung wird in der Vordehnung jeweils weiter zur Körperperipherie gelegener (distaler) Muskelgruppen gesehen.

Formen des Rumpfeinsatzes sind die Bogenspannung, die Verwringung, der translatorische und der rotatorische Rumpfansatz.

Bei der Bogenspannung und der Verwringung werden die kräftigen Muskelgruppen des Rumpfes zur Anfangsbeschleunigung eingesetzt. Während bei der Bogenspannung

eine Überstreckung des Rumpfes vorliegt, wie z. B. beim Speerwurf am Ende der Vorbereitungsphase, beschreibt die Verwringung das Verdrehen von Hüft- und Schulterachse, z. B. am Ende der Vorbereitungsphase des Diskuswurfes.
Bei den zwei anderen Formen des Rumpfeinsatzes, dem translatorischen und rotatorischen Rumpfeinsatz, wird der Rumpf demgegenüber hauptsächlich zur Übertragung von Kraftwirkungen von den unteren zu den oberen Extremitäten eingesetzt. Dies gilt z. B. für den geraden Boxstoß (transla-torischer Rumpfeinsatz) oder dem Diskuswurf (rotatorischer Rumpfeinsatz).

Bei der Kopplung von Kopf- und Rumpfbewegungen spielt die Steuerfunktion des Kopfes eine wichtige Rolle.

Für die Steuerfunktion des Kopfes liefert der Einfluss der Kopfhaltung auf die Körperlage beim Rückenschwimmen ein beeindruckendes Beispiel (s. Abb. 32). Sie wird dadurch charakterisiert, dass im Allgemeinen Beugebewegungen

Abb. 32. Einfluss der Kopfhaltung auf die Körperlage beim Rückenschwimmen (modif. nach Schnabel, 1998a, S. 120)

des Rumpfes durch ein „auf die Brust nehmen" des Kopfes, Streckbewegungen des Rumpfes dagegen durch ein „in den Nacken nehmen" des Kopfes unterstützt werden.

Die angestrebte Gleitbootlage erfordert eine „normale" Kopfhaltung. Stärkeres Vor- bzw. Rückbeugen führt zu falscher Körperhaltung und ungünstiger Lage im Wasser. Als Erklärung hierfür werden Reflexe angesehen, die von Rezeptoren *3.2.1.3* in der Halsmuskulatur ausgelöst werden und zu einer Spannungserhöhung in funktionell zusammengehörenden Muskelgruppen führen. Bei Drehungen um die Längsachse wird die Kopplung von Kopf- und Rumpfbewegungen dagegen überwiegend durch Funktionen der visuellen Informationsaufnahme bestimmt.

2.2.2.3 Weitere morphologische Bewegungsmerkmale

Während die Struktur, der Bewegungsrhythmus und die Bewegungskopplung als komplexe morphologische Bewegungsmerkmale jeweils mehrere Aspekte sportlicher Bewegungen beschreiben (Mehrdimensionalität), kennzeichnen die folgenden Merkmale jeweils nur einen Aspekt (Eindimensionalität) (s. Tab. 10).

Tab. 10. *Eindimensionale Bewegungsmerkmale und zugehörige Bewegungsaspekte*

Merkmale	Bewegungsaspekte
Bewegungsfluss	Grad der Kontinuität des Ablaufs einer sportlichen Bewegung
Bewegungspräzision	Grad der Übereinstimmung einer sportlichen Bewegung mit dem geplanten Verlauf oder Ziel

Merkmale	Bewegungsaspekte
Bewegungskonstanz	Grad der Übereinstimmung von wiederholten sportlichen Bewegungen oder Teilbewegungen in Bezug auf das Bewegungsergebnis und Merkmale der Bewegung
Bewegungsumfang	Räumliche Ausdehnung oder Amplitude einer sportlichen Bewegung
Bewegungstempo	Schnelligkeit und Frequenz sportlicher Bewegungen oder Teilbewegungen

Ein schlechter Bewegungsfluss ist z. B. bei ungeübten Wurfbewegungen am Übergang vom Anlauf zum Abwurf erkennbar.

Beim Wasserspringen ist eine möglichst gute Verlaufspräzision gefragt, während beim Freistoß oder dem Eckstoß im Fußball die Zielpräzision wichtig ist.

Ein konstantes Bewegungsergebnis ist beim Schießen von Vorteil, wenn die Ergebniskonstanz mit hoher Zielpräzision gepaart ist. Beim Wasssspringen ist Konstanz der Bewegungsmerkmale, gepaart mit hoher Verlaufspräzision, von Vorteil.

Beispiele für den Bewegungsumfang sind die Läufe des Ruderschlages oder die Weite der Ausholbewegung beim Torwurf im Handball.

Beispiele für das Bewegungstempo sind die Trittfrequenz beim Radfahren und die Schlagfrequenz beim Rudern sowie die entsprechenden Fortbewegungsgeschwindigkeiten.

2.3 Funktionale Bewegungsanalyse

2.3.1 Begriffsbestimmung und Ziele der funktionalen Bewegungsanalyse

Funktionales Bewegungsverständnis im Sinne Göhners (1979, S. 15-16) liegt vor, wenn sportliche Bewegungen als Lösungsmöglichkeiten von Bewegungsaufgaben angesehen werden, bei denen unter gegebenen Rahmenbedingungen bestimmte Bewegungsziele zu erreichen sind. Dabei werden sowohl die Rahmenbedingungen als auch die Bewegungsziele als variabel verstanden.

Gegenstand der funktionalen Bewegungsanalyse ist nicht die real ausgeführte sportliche Bewegung, sondern die abstrakte, in Form von theoretischen Beschreibungen vorliegende sportliche Bewegung, auch als Idealmodell der sportlichen Bewegung bezeichnet. Die Zielstellung der funktionalen Bewegungsanalyse ist eine vorwiegend unterrichtspraktische. Sie wird deshalb als Lehrstoffanalyse bezeichnet. Wenn im Rahmen der funktionalen Bewegungsanalyse von sportlichen Bewegungen die Rede ist, wird damit der Lehrstoff, also die Bewegungsaufgabe mit ihren verschiedenen Lösungsmöglichkeiten angesprochen.

Bei einer „Bauchwelle" (Felge vorlings rückwärts), einer turnerischen Reckübung, sollen Beine und Hüfte eigentlich vorschriftsmäßig gestreckt sein. Die Beine könnten aber auch angehockt werden, wenn man sich über die turnerischen Haltungsvorschriften hinwegsetzt. Die Funktion der Hockbewegung würde in der Verringerung des Massenträgheitsmoments und der dadurch bewirkten Erhöhung der Winkelgeschwindigkeit der Drehung liegen. Einige Schüler werden diese Bewegung nur unter diesen erleichterten Bedingungen erlernen können. Funktionales Bewegungsver-

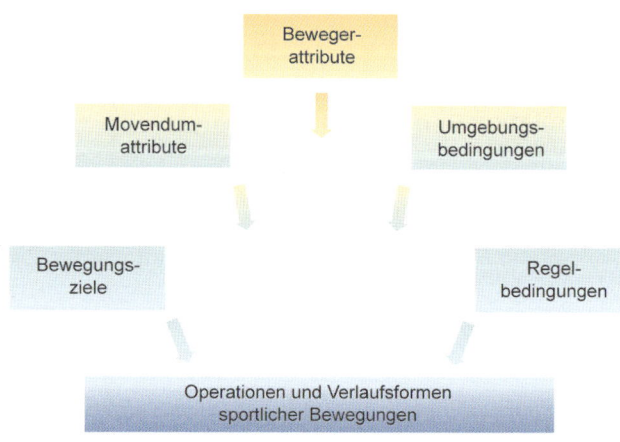

Abb. 33. Schematische Darstellung der ablaufrelevanten Bezugs-grundlagen (modif. nach Göhner, 1979, S. 71)

ständnis bedeutet hier, dass die Funktion des Anhockens der Beine mit der Zielstellung der Bewegung (turnerische oder nicht-turnerische Ausführung) in Beziehung gesetzt wird.

2.3.2   Ablaufrelevante Bezugsgrundlagen

Unter ablaufrelevanten Bezugsgrundlagen versteht Göhner die oben genannten Rahmenbedingungen unter Einschluss der Ziel-stellung sportlicher Bewegungen. Ablaufrelevante Bezugsgrund-lagen sind Bewegungsziele, Movendumattribute, Bewegerattri-bute, Umgebungsbedingungen und Regelbedingungen (s. Abb. 33).

2.3.2.1 Bewegungsziele

Göhner (1979, S. 72-87) unterscheidet auf einer ersten Ebe-ne elementare, situationsspezifische Bewegungsziele von situations-unspezifischen Bewegungszielen. Diese Differen-zierung ist ähnlich wie die Unterscheidung von exekutiver

und präparativer Beanspruchung zu verstehen. Situations- *Trai*
spezifische Bewegungsziele beziehen sich auf die Bewegungssituation selbst (s. Abb. 34).

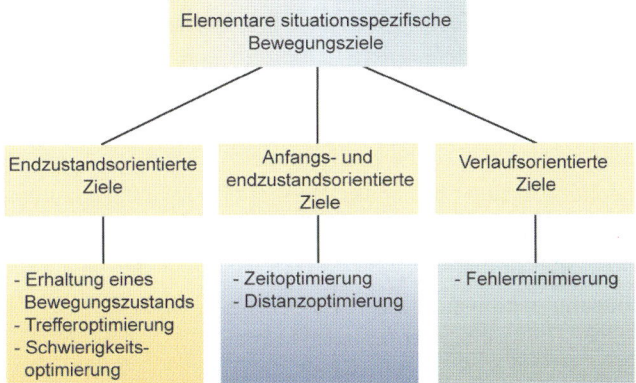

Abb. 34. Elementare situationsspezifische Bewegungsziele im
Sport (modif. nach Göhner, 1979, S. 86)

Bei situations-unspezifischen Bewegungszielen geht es um
die Verbesserung, die Erhaltung oder die Wiederherstellung
der Belastbarkeit bez. der „motorischen Eigenschaften"
(Kraft, Ausdauer, Schnelligkeit, Gewandheit und Geschick-
lichkeit; Göhner 1979, S. 84). Aber auch bestimmte psychi-
sche Befindlichkeiten oder soziale Verhaltensweisen (wohl
fühlen, solidarisches Verhalten) können situations-unspezifi-
sche Bewegungsziele darstellen (Göhner 1979, S. 84-85).

Endzustandsorientierte Ziele können die Erhaltung eines
Bewegungszustands, die Trefferoptimierung oder Schwie-
rigkeitsoptimierung sein. Beispiele hierfür sind der turneri-
sche Handstand (Gleichgewicht erhalten), das Handball-
spiel (möglichst viele Tore erzielen) und der Hochsprung, bei
dem die Latte zur Steigerung der Schwierigkeit erhöht wird.
Anfangs- und endzustandsorientierte Ziele können die Zeit-

optimierung und die Distanzoptimierung sein. Beispiele hierfür sind der 100-m-Lauf und der Weitsprung. Verlaufsorientierte Ziele streben nach Fehlerminimierung, z. B. beim Wasserspringen.

Sportliche Bewegungen können gleichzeitig auf mehrere Zielstellungen abstellen, z. B. Trefferorientierung und Zeitoptimierung beim Biathlon.

2.3.2.2 Movendumattribute

Als Movendumattribute werden Eigenschaften des zu bewegenden Objekts bezeichnet. Göhner (1979, S. 87-95) unterscheidet drei verschiedene Movendum-Typen: den passivreaktiven, den aktiv-reaktiven und den aktiv sich selbst bewegenden Movendum-Typ.

Ein Handball, Speer oder Frisby stellen Beispiele eines passiv-reaktiven Movendums dar. Es wird deutlich, dass die unterschiedlichen Eigenschaften der zu bewegenden Geräte (Movendumattribute), z. B. ihre Formen und Flugeigenschaften, die sportliche Bewegung des Werfens stark beeinflussen. Der Gegner beim Judo wäre als aktiv-reaktives und ein Schwimmer als ein aktiv sich selbst bewegendes Movendum zu verstehen.

2.3.2.3 Bewegerattribute

Bewegerattribute sind Eigenschaften desjenigen Systems, das das Movendum bewegt. Der unterschiedliche Einsatz des Handgelenks beim Tennis und beim Badminton ist auf die verschiedenen Eigenschaften des verwendeten Instruments, des Schlägers, zurückzuführen. Bewegerattribute beeinflussen also ebenfalls die jeweilige sportliche Bewegung. Neben den natürlichen Bewegern unterscheidet Göhner (1979, S. 95-105) instrumentell-unterstützte, partnerunterstützte und gegnerbehinderte Beweger.

Beispiele für instrumentell-unterstützte Beweger sind der Tennisschläger oder auch die Flossen beim Flossenschwimmen. Der Ruderer in einem Mannschaftsboot oder auch der Fußballspieler sind partner-unterstützte Beweger. Der Fußballspieler gehört gleichzeitig zur Klasse der gegnerbehinderten Beweger. Auch der Judokämpfer wäre hier einzuordnen.

2.3.2.4 Umgebungsbedingungen

Beim alpinen Skilauf und dem Bobsport z. B. bewirkt die Schwerkraft als eine wichtige konstante Umgebungsbedingung grundsätzlich die Bewegung des Movendums. Der Sportler modifiziert die Geschwindigkeit (Betrag und Richtung). Im Rodelsport oder beim Diskuswerfen z. B. werden die Kurvenneigung und -krümmung bzw. der Wind zu einer Veränderung der Bewegung des Movendums führen. Eine glatte Reckstange und ein rutschiger Stoßkreis verändern die Bewegungsausführung (vgl. Göhner 1979, S. 105-108).

2.3.2.5 Regelbedingungen

Göhner (1979, S. 109-112) unterscheidet vier Gruppen von Regeln. Eine erste Gruppe legt die zu erreichenden Bewegungsziele fest und klärt die Rangfolge im sportlichen Wettbewerb. Beim Weitsprung wird einerseits festgelegt, wie die Sprungweite genau zu ermitteln ist und andererseits, wie Sieger, Zweiter, Dritter usw. eines Weitsprung-Wettbewerbs zu bestimmen sind. Eine zweite und dritte Gruppe legen Movendumbedingungen (z. B. Gewicht, Umfang u. a. des Handballs) und Bedingungen des Bewegersystems (z. B. Körpergewicht der Sportler beim Boxen, Länge des Tennisschlägers) fest. Eine vierte Gruppe bestimmt Verlaufsmerkmale der sportlichen Bewegung. Beim Speerwerfen ist es z. B. nicht erlaubt, den Speer rotatorisch zu beschleunigen, obwohl der dadurch produzierte Beschleunigungsweg länger und die erreichbare Wurfweite größer wäre.

2.3.2.6 Variation der ablaufrelevanten Bezugsgrundlagen

Es steht dem Lehrer/Trainer offen, die Ausprägung der ablaufrelevanten Bezugsgrundlagen zu verändern und auf diese Weise eventuell das Erlernen einer sportlichen Bewegung zu vereinfachen. Hierfür ist die Kenntnis des Einflusses der ablaufrelevanten Bezugsgrundlagen auf die sportliche Bewegung notwendig.

Wenn beim Erlernen des Tennisspiels z. B. die Movendumattribute verändert werden, indem ein weniger schneller Schaumstoffball verwendet wird, haben die Lernenden mehr Zeit zur Ausführung der Lauf- und Schlagbewegung.

Es sollte aber auch das Transfer-Problem bedacht werden: Was passiert, wenn später vom Schaumstoffball auf den normalen Tennisball umgestellt wird? Wenn jetzt eine neue Lauf- und Schlagbewegung erlernt werden müsste, wäre der durch die Veränderung der Movendumattribute zuerst vorhandene Vorteil hinfällig. Wenn jedoch Elemente der Lauf- und Schlagbewegung von der Bedingung Schaumstoffball auf die Bedingung normaler Tennisball transferiert werden können (proaktiver positiver Transfer), bliebe der Vorteil erhalten.

Das Problem des Transfers beim motorischen Lernen ist wissenschaftlich noch nicht ausreichend bearbeitet worden.

2.3.3 Funktionsphasen

2.3.3.1 Begriffsbestimmung

Funktionsphasen einer sportlichen Bewegung sind diejenigen Abschnitte der Bewegung, denen sich im Hinblick auf die ablaufrelevanten Bezugsgrundlagen Funktionen zuordnen lassen (vgl. Göhner, 1979, S. 119-129).

Neben der Analyse der ablaufrelevanten Bezugsgrundlagen einer sportlichen Bewegung ist die Analyse ihres Ablaufs Bestandteil der Funktionalen Bewegungsanalyse. Elemente des Ablaufs einer sportlichen Bewegung aus der Perspektive der funktionalen Bewegungsanalyse sind Phasen der Bewegung, denen im Rahmen der ablaufrelevanten Bezugsgrundlagen bestimmte Funktionen zukommen. Diese Phasen werden Funktionsphasen genannt.

2.3.3.2 Haupt- und Hilfsfunktionsphasen

Hauptfunktionsphasen sind funktional unabhängig, d. h. ihre Funktion besteht nur im Zusammenhang mit dem Bewegungsziel und nicht mit einer anderen Funktionsphase. Hilfsfunktionsphasen sind funktional abhängig, d. h. ihre Funktion besteht nur im Zusammenhang mit einer anderen Funktionsphase (vgl. Göhner, 1979, S. 178-180).

Auf einer ersten Ebene unterscheidet Göhner (1979, S. 181) Haupt- und Hilfsfunktionsphasen. Als Hilfsfunktionsphasen sind diejenigen Funktionsphasen anzusehen, deren Funktion nur im Zusammenhang mit einer anderen Funktionsphase besteht. Sie sind funktional abhängig. Als Hauptfunktionsphasen sind demgegenüber diejenigen Funktionsphasen anzusehen, zu deren Funktionscharakterisierung alleine das Erreichen des Bewegungsziels ausreicht und nicht auf andere Funktionsphasen Bezug genommen werden muss. Sie sind funktional unabhängig.

Wenn wir den CMJ betrachten, besteht eine Funktion der Beugephase der unteren Extremitäten nur in Bezug auf die anschließende Streckbewegung (z. B. Anfangskraft, Beschleunigungsweg). Beim CMJ wäre dies die Streckphase der unteren Extremitäten, deren alleinige Funktion das Erreichen einer maximalen Sprunghöhe als angenommenes Bewegungsziel ist. Bei einer differenzierten Betrachtungsweise wären es die drei Funktionsphasen der Streckbewegungen in den Hüft-, Knie- und Fußgelenken, deren Phasenbeginn nicht exakt zusammenfällt, die aber trotzdem in ihrem Zusammenwirken die Hauptfunktionsphase bilden. Wenn die Analyse zeigt, dass die Phasen der Streckbewegung in den Hüft- und Kniegelenken nicht funktional unabhängig sind, weil eine ihrer wesentlichen Funktionen sich auf die nachfolgende Streckbewegung in den Fußgelenken bezieht (Vordehnung jeweils distaler Muskelgruppen) ist nur die letzte Streckbewegung Hauptfunktionsphase.

2.2.2.2

2.3.3.3 Arten von Hilfsfunktionsphasen

Göhner unterscheidet drei Arten von Hilfsfunktionsphasen: vorbereitende, unterstützende und überleitende Hilfsfunktionsphasen (1979, S. 184-193) (s. Abb. 35).

Vorbereitende Hilfsfunktionsphasen ermöglichen oder verbessern die Ausgangssituation für nachfolgende Funktionsphasen. Sie können dem Erreichen bestimmter Ortsstellen dienen.

Der Anlauf zum Weitsprung hat z. B. unter anderem die Funktion, den Sportler zum Absprung möglichst exakt an den Rand des Absprungbalkens zu bringen. Sie können zum Erreichen bestimmter Lagen und Positionen führen, wie z. B. die Ausholposition zum Zeitpunkt der tiefsten KSP-Lage beim CMJ, die als notwendige Bedingung für eine anschließende Streckbewegung (Beschleunigungsweg) diese erst ermöglicht. Das Erreichen bestimmter Bewegungszustände machen sie z. B. beim Anlauf zum Weitsprung durch eine bei Absprungbeginn bereits vorliegende horizontale Geschwindigkeit möglich. Ein anderes Beispiel für das Erreichen bestimmter Bewegungszustände wäre das Wirken der Anfangskraft zum Zeitpunkt der tiefsten KSP-Lage beim CMJ.

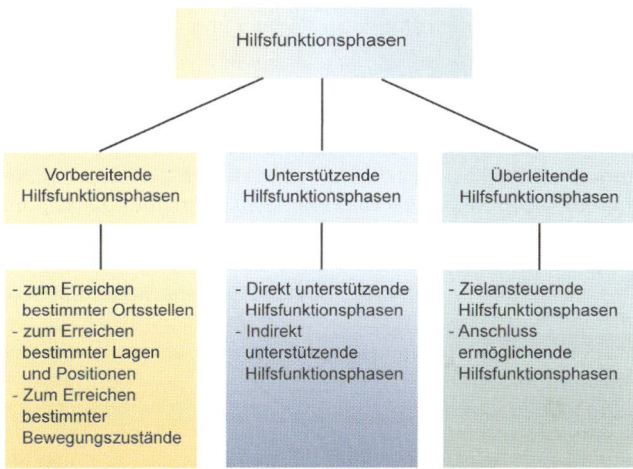

Abb. 35. Arten von Hilfsfunktionsphasen (vgl. Göhner, 1979, S. 184-193)

Unterstützende Hilfsfunktionsphasen ermöglichen die Ausführung gleichzeitig ablaufender Funktionsphasen oder verbessern ihre Ausführungsbedingungen.

Direkt unterstützende Hilfsfunktionsphasen wie z. B. der Armschwung beim CMJ zur Verbesserung der Ausführungsbedingungen für die Streckbewegung der unteren Extremitäten werden von indirekt unterstützenden Hilfsfunktions-

3.2.2.3

phasen unterschieden. Letztere dienen dazu, z. B. durch die Stabilisierung verschiedener Gelenksysteme bei der Gleichgewichtsregulation (posturale Antizipation) mögliche Funktionsbehinderungen gleichzeitig ablaufender Funktionsphasen zu verhindern.

Überleitende Hilfsfunktionsphasen beziehen ihre Funktion auf vorangegangene Funktionsphasen, in dem sie die hier vorliegende Bewegungssituation in eine neue überführen. Zielansteuernde überleitende Hilfsfunktionsphasen dienen dazu, ein Übersteuern der zur Erreichung des Bewegungsziels notwendigen Bewegungssituation zu verhindern.

Bewegungsziel des Kugelstoßens ist es, eine möglichst große Stoßweite zu erzielen. Gleichzeitig muss als Regelbedingung ein Übertreten verhindert werden. Die zielansteuernde überleitende Hilfsfunktionsphase des Abfangens nach dem Abflug der Kugel bezieht sich in ihrer Funktion daher auf die am Ende der vorangegangenen Funktionsphase vorliegende Bewegungssituation und das Bewegungsziel. Anschluss ermöglichende überleitende Hilfsfunktionsphasen richten sich in ihrer Funktion dagegen neben der am Ende der vorangegangenen Funktionsphase vorliegenden Bewegungssituation auf die Ausgangssituation für eine neue, sich anschließende Bewegung. Ein Beispiel hierfür wäre die Landung nach einem Blocksprung im Volleyball, die nicht zu einem Abschluss im sicheren Stand führt, da sich sofort eine Bewegung zur Feldverteidigung anschließt.

2.3.3.4 Lehrpraktische Konsequenzen

Aus der Funktionalen Bewegungsanalyse werden nach Göhner, (1979, S. 194-204) in dreifacher Hinsicht lehrpraktische Konsequenzen abgeleitet:

1) Die Variabilität der ablaufrelevanten Bezugsgrundlagen sollte genutzt werden.
2) Die Übungsfolge zum Erlernen einer sportlichen Bewegung sollte mit der Hauptfunktionsphase beginnen.
3) Ablaufrelevante Bezugsgrundlagen und funktionale Abhängigkeiten sollten Grundlage der Fehlerkorrektur darstellen.

1) Die Variabilität der ablaufrelevanten Bezugsgrundlagen und bestimmter Abschnitte sportlicher Bewegungen eröffnet einen weiten Spielraum, um Lernprozesse positiv zu beeinflussen. Das Verändern traditioneller Bewegungsziele und Regeln z. B. kann die Schwierigkeit einer Bewegungsaufgabe ebenso reduzieren wie die Übernahme einer spezifischen Funktion eines Bewegungsabschnitts durch eine leichter auszuführende Alternative oder durch äußere Hilfen. Bewegungsvorschriften, die von tradierten Lehrmeinungen oder sportartspezifischen Normvorstellungen herrühren, sollten keinesfalls stets als zutreffend verstanden werden. Sie sollten aber auch nicht pauschal abgelehnt, sondern im Einzelfall überprüft werden (vgl. Göhner, 1979, S. 151).

2) Es wird vorgeschlagen, dass die „Lehrfolge" (Übungsfolge zum Erlernen einer sportlichen Bewegung, vgl. Göhner, 1979, S. 196; auch methodische Übungsreihe) mit der Hauptfunktionsphase beginnen sollte. Die Funktionen von vorbereitenden und unterstützenden Funktionsphasen sind dabei zuerst durch äußere Hilfen gleichwertig zu ersetzen. Diese Hilfen werden in weiteren Schritten der Lehrfolge

abgebaut und durch vorgeschaltete, gleichzeitige oder nachgeschaltete Teilbewegungen zur Erfüllung dieser Funktionen ersetzt. Der Vorschlag wird damit begründet, dass die Funktionen eines bestimmten Bewegungsabschnitts erst dann vom Lernenden erkannt werden können, wenn der Abschnitt, auf den sich diese Funktion bezieht, realisiert wurde.

3) Die Funktionale Bewegungsanalyse stellt eine wichtige Grundlage für eine erfolgreiche Fehlerkorrektur dar. Die differenzierten Kenntnisse der ablaufrelevanten Bezugsgrundlagen und der funktionalen Abhängigkeiten lassen besser erkennen, wo und warum Abweichungen des realisierten Bewegungsablaufs von dem für einen bestimmten Lernprozess definierten Idealmodell vorliegen. Es ist dies jedoch nur eine notwendige und keine hinreichende Bedingung für eine erfolgreiche Fehlerkorrektur. Die informationelle Gestaltung der Fehlerkorrektur ist ebenfalls von großer Bedeutung.

2.3.4 Vergleich mit der Struktur sportlicher Bewegungsakte

Eine „inhaltliche Verwandtschaft" (Göhner, 1979, S. 181) der Funktionsphasen von Göhner mit den Phasentypen der Struktur sportlicher Bewegungsakte nach Schnabel (1998a) ist durchaus gegeben. Göhners Funktionsphasen lassen jedoch eine differenziertere Analyse zu.

Die Beziehung der Armschwungbewegung zur Beuge- und Streckbewegung der unteren Extremitäten des CMJ wird nach Schnabel erst durch die Betrachtung des Merkmals Bewegungskopplung deutlich. Eine alleinige Betrachtung der Phasenstruktur würde die Armschwungbewegung nicht mit einbeziehen.

Beim Angriffsschlag im Volleyball könnten wir nach Schnabels Phasenstruktur von einer Simultankombination (Sprungbewegung und Schlagbewegung) oder von einer Erweiterung der Hauptphase einer Sprungbewegung durch die Schlagbewegung ausgehen. Die funktionale Beziehung zwischen der Sprungbewegung und der Schlagbewegung wird erst deutlich, wenn wir nach Göhners Vorstellung als Hauptfunktionsphase die Schlagbewegung der Schlaghand ansehen. Dann erhalten die Funktionsphasen der Sprungbewegung den Charakter vorbereitender oder unterstützender Hilfsfunktionsphasen und der funktionelle Zusammenhang zwischen Sprungbewegung und Schlagbewegung wird erkennbar.

3 Sportmotorik

3.1 Begriffsbestimmungen

Sportmotorik beinhaltet alle organismischen Teilsysteme und Teilprozesse, die die sportliche Bewegung des Menschen auslösen und kontrollieren.

Gegenüber der Begriffsbestimmung von „Motorik" schränkt *1.1* der hier vorgenommene Zusatz „Sport" den Gegenstandsbereich – wie schon bei der Bewegung – auf das Tätigkeitsfeld Sport ein. Andere im Zusammenhang mit „Motorik" verwendete Begriffe sind „motorische Kontrolle" und „Koordination".

Motorische Kontrolle („motor control") bezieht sich auf die Aufgabe der o. g. Teilsysteme und -prozesse, die Freiheitsgrade unseres Körpers zu kontrollieren. Das Freiheitsgrad-Problem wurde vom russischen Physiologen Nikolai Bernstein (1897-1966) formuliert. Dahinter verbirgt sich die Frage, wie es gelingt, die vielen an einer Bewegung beteiligten Muskeln bezüglich des Beginns ihrer Kontraktion (a) sowie ihrer Kontraktionsdauer (b) und -stärke (c) so exakt zu kontrollieren, dass insgesamt eine koordinierte Bewegung entsteht. Das Problem wird dann gravierend, wenn man die 792 Muskeln des Menschen als unabhängig voneinander im Sinne der drei o. g. Größen (a, b und c) versteht. Bernsteins Frage stellt bis heute eine große Herausforderung für die Motorikforschung dar.

Koordination bezieht sich auf das harmonische Zusammenwirken der Teilsysteme und -prozesse. Das Zusammenwirken kann auf der Ebene von Teilbewegungen, von Muskelkontraktionen (intermuskuläre Koordination) oder auch von motorischen Einheiten eines Muskels (intramuskuläre Koordination) betrachtet werden.

Ein einfaches technisches Beispiel soll dies verdeutlichen. Stellen Sie sich vor, an Ihrem Auto wäre jedes der vier Räder unabhängig von den anderen lenkbar. Schon das Geradeausfahren würde Sie vor erhebliche Probleme stellen. Wie sähe es jedoch erst aus, wenn Sie mit einem solchen Auto rückwärts einparken wollten? Das Problem wird technisch dadurch gelöst, dass einerseits die beiden Hinterräder nicht lenkbar sind und andererseits die Lenkbewegungen der beiden Vorderräder direkt miteinander gekoppelt sind. Auf diese Weise wird die Anzahl der Freiheitsgrade drastisch reduziert und das Kontrollproblem vereinfacht (vgl. Daugs, Olivier, Wiemeyer & Panzer, 1999).

Das Kapitel „Physiologische Grundlagen der Motorik" behandelt diejenigen Basiskenntnisse, die den funktionellen Aufbau der sensorischen und motorischen Systeme beschreiben und erklären. Das Kapitel „Theoretische Ansätze der Motorik" behandelt demgegenüber Funktionsprozesse der Motorik, wie sie auf der Basis von verhaltensorientierten Untersuchungen angenommen werden. Beide wissenschaftliche Zugangsweisen beeinflussen sich gegenseitig. So suchen physiologisch orientierte Motorikforscher nach anatomischen und physiologischen Entsprechungen für Funktionsprinzipien, die eine wichtige Rolle in den Theorien der verhaltensorientierten Motorikforscher spielen und umgekehrt. Letztlich hängen beide Forschungsrichtungen eng zusammen: Ohne, dass sich anatomisch-physiologische Erkenntnisse und die Erkenntnisse der verhaltensorientierten Motorikforschung in ihren Grundaussagen entsprechen, fehlen wichtige Elemente der jeweiligen Aussage.

Die für ein Verständnis der Motorik notwendige Analyse der zugrunde liegenden organismischen Teilsysteme und Teilprozesse kann auf verschiedenen Differenzierungsebenen erfolgen. Am Beispiel des visuellen Systems sollen mögliche Ebenen verdeutlicht werden. Auf einer ersten Ebene könnte die Bedeutung von Augenbewegungen für die Aufgabe, einen Ball zu fangen, untersucht werden. Auf einer zweiten und differenzierteren Ebene könnte untersucht werden, wie die motorische Kontrolle dieser Augenbewegungen organisiert ist. Auf einer dritten, noch differenzierteren Ebene, könnten die Vorgänge der Signalübertragung in den Rezeptoren der Netzhaut des Auges untersucht werden.

In diesen „Grundlagen der Bewegungswissenschaft und -lehre" werden die für ein Grundverständnis der Sportmotorik wichtigen Systeme und Prozesse im Bereich der Ebenen eins bis zwei behandelt.

3.2 Physiologische Grundlagen der Motorik

3.2.1 Sensorische Systeme

Sensorische Systeme haben die Funktion, Information über körperäußere und körperinnere Prozesse sowie Relationen des Körpers zur Umwelt aufzunehmen und in unterschiedlichen Instanzen zu verarbeiten.

Beispiel für einen körperäußeren Prozess ist der Zuruf eines Mitspielers im Volleyball, der gehört und möglicherweise adäquat verwendet wird. Beispiele für körperinnere Prozesse sind die Veränderungen der Muskellänge, Muskelspannung und Gelenkstellung, die zur Wahrnehmung aktueller Körperpositionen beitragen und über die Propriozeption vermittelt werden. Beide Beispiele machen deutlich,

Psy 3.2.1.3

101

3.2.1.2

dass Relationen des Körpers zur Umwelt ebenfalls berück-sichtigt werden. Der Zuruf des Mitspielers informiert nicht nur durch seinen Inhalt, sondern auch durch seine Richtung und Entfernung. Information aktueller Körperpositionen wird im Zusammenhang mit visueller und vestibulärer Information zur Wahrnehmung der Lage des Körpers im Raum heran-gezogen.

Sensorische Systeme bestehen vereinfacht aus drei Komponenten (a-c). In den Rezeptoren (Synonym: Sensoren, a) werden physikochemische Reize in bioelektrische Signale umgewandelt. In afferenten Nervenfasern (b) werden diese bioelektrischen Signale weitergeleitet und in spezifischen Neuronengruppen des zentralen Nervensystems (ZNS) (c) verarbeitet. Der Mensch verfügt über eine Vielzahl sensorischer Systeme, die noch nicht alle als gänzlich erforscht gelten. Es wird davon ausgegangen, dass noch nicht einmal alle sensorischen Systeme bekannt sind.

Die wichtigsten für die Sportmotorik relevanten sensorischen Systeme sind das visuelle System (Sehen), das akustische oder auditive System (Hören), das vestibuläre System (Gleichgewicht halten), die Nozizeption (gewebsschädigende oder bedrohende Reize verarbeiten) und ein Teil der Gruppe der somatosensorischen Systeme. Wichtig erscheinen hiervon die Mechanorezeption (Tasten sowie Druck, Berührung und Vibration verarbeiten) und die Propriozeption (Stellungen und Bewegungen von Körperteilen sowie Kräfte verarbeiten). Die Thermorezeption (Temperatur verarbeiten) und die Enterozeption (Reize innerer Organe verarbeiten) sind dagegen für die Sportmotorik weniger wichtig.

Exemplarisch sollen das visuelle System, das vestibuläre System und das Muskellängensystem der Propriozeption sowie ihre Funktionen für die Sportmotorik näher erläutert werden. Im Band „Grundlagen der Sportpsychologie" werden diese Inhalte ausführlicher und teilweise aus einer anderen Perspektive dargestellt.

3.2.1.1 Das visuelle System

Das visuelle System wandelt Licht, also elektromagnetische Schwingungen bestimmter Wellenlängen, in bioelektrische Signale um und verarbeitet sie in verschiedenen Instanzen des zentralen Nervensystems (ZNS).

Sinnesorgan des visuellen Systems ist das Auge (s. Abb. 36). Sensoren sind ca. 120 Millionen Stäbchen und 6 Millionen Zapfen, die sich in der Netzhaut befinden. Hornhaut, Linse, Glaskörper und Kammerwasser bilden als dioptischer Apparat Sehobjekte auf der Netzhaut ab. Zapfen und Stäbchen sind über die Netzhaut (Retina) nicht gleichmäßig verteilt. Im retinalen Zentrum, der Netzhautgrube (Fovea centralis) ist die Zapfendichte am größten. Sie nimmt zur retinalen Peripherie stark ab. Demgegenüber liegt die größte Stäbchendichte in der retinalen Peripherie. Aufgrund ihrer

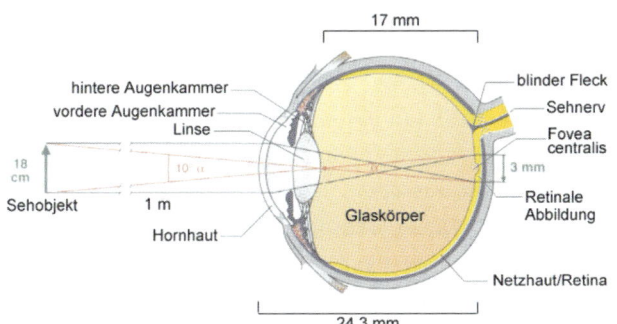

Abb. 36. Schnitt durch das menschliche Auge (modif. nach Eysel, 1993, S. 264)

103

spezifischen Eigenschaften sind Zapfen besonders für das scharfe Sehen, das Tages- und das Farbsehen geeignet, Stäbchen dagegen für das Nachtsehen.

Bereits im Auge in den tieferen Schichten der Netzhaut findet eine erste Verarbeitung der Signale statt. Sie werden dann über den Sehnerv an verschiedene Instanzen des ZNS weitergeleitet. An der retinalen Austrittsstelle des Sehnervs befinden sich weder Zapfen noch Stäbchen (blinder Fleck, Papilla nervi optici).

Sechs Muskeln steuern die Bewegungen eines Auges. Da das Auge ungefähr die Form einer Kugel hat, sind Augenbewegungen annähernd Rotationsbewegungen. Fixationen, Saccaden, Folgebewegungen, Vergenz- und Akkomodationsbewegungen sind Bewegungszustände des Auges mit unterschiedlichen Funktionen für die visuelle Wahrnehmung im Sport.

Fixationen sind Bewegungszustände relativer Ruhe des Auges, wobei sich das Auge minimal hin- und her bewegt (Mikrotremor). Die Fixationsdauer beträgt von 50 ms bis mehr als 1 s, im Mittel 300 ms. Fixierte Sehobjekte werden im Bereich der Fovea centralis abgebildet. Fixationen dienen damit dem scharfen Sehen, der Identifikation und der Detailwahrnehmung von Sehobjekten.

Die retinale Peripherie hat dagegen eine große Bedeutung für die Bewegungswahrnehmung. Retinale Abbilder bewegter Sehobjekte überstreichen nacheinander verschiedene Sensorareale. Diese afferente visuelle Bewegungswahrnehmung ermöglicht die Differenzierung unterschiedlicher Bewegungsrichtungen und -geschwindigkeiten, ohne dass das bewegte Objekt scharf gesehen und identifiziert wird (s. Abb. 37, a).

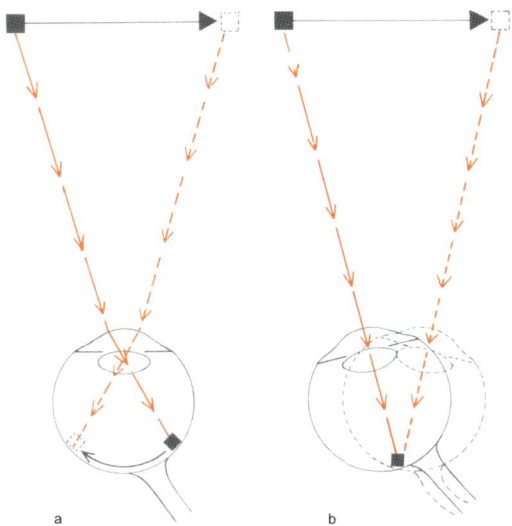

Abb. 37. Afferente (a) und efferent-kontrollierte (b) visuelle Bewegungswahrnehmung (modif. nach Gregory, 2001, S. 130)

Saccaden sind sehr schnelle ruckhafte Bewegungen von 10-80 ms, bei denen das Auge eine Rotationsgeschwindigkeit von bis zu 600°/s erreichen kann. Während einer Saccade ist die visuelle Informationsaufnahme stark reduziert.

Durch Folgebewegungen des Auges (s. Abb. 37, b) werden bewegte Sehobjekte stabil im Bereich der Fovea centralis abgebildet. Bis zu einer Winkelgeschwindigkeit von ca. 70°/s kann das Auge einem bewegten Sehobjekt relativ genau folgen. Bei größeren Objektgeschwindigkeiten kann sein Abbild nicht stabil im Bereich der Fovea centralis gehalten werden. Das visuelle System versucht dann mit Hilfe von Saccaden, das Objekt wieder „einzufangen".

Folgebewegungen haben, neben der Funktion des scharfen Sehens bewegter Sehobjekte, die Funktion der Wahrnehmung ihrer Bewegung. Das Entstehen des Bewegungseindrucks bei Folgebewegungen auf bewegten Sehobjekten trotz stabilem retinalen Abbild des bewegten Objekts wird mit der Verarbeitung der efferenten, von zentralnervösen Instanzen an die Augenmuskeln geleiteten Signale, erklärt. Deshalb spricht man von efferent kontrollierter visueller Bewegungswahrnehmung. Auch während einer Folgebewegung findet afferente Bewegungswahrnehmung statt. Bewegungsrichtungen und Bewegungsgeschwindigkeiten können efferent kontrolliert genauer wahrgenommen werden als afferent (vgl. Dichgans, Körner & Voigt, 1968).

Während sich bei Saccaden und Folgebewegungen die Augen gleichzeitig in dieselbe Richtung bewegen (konjugierte Augenbewegungen), bewegen sich bei Vergenzbewegungen beide Augen gegenläufig zur Sagitalebene des Kopfes. Bewegt sich das Sehobjekt auf die Augen zu, bewegen sich auch die Sehachsen beider Augen zueinander (Konvergenzbewegung). Bei einer Bewegung des Sehobjekts von den Augen weg entfernen sich die Sehachsen demgegenüber voneinander (Divergenzbewegung). Bei Vergenzbewegungen wird die Relation der gegenläufigen Augenbewegungen verarbeitet, um Bewegungsrichtung und Bewegungsgeschwindigkeit des Sehobjekts wahrzunehmen.

Konjugierte Augenbewegungen in der frontoparallelen Ebene (Torsionsbewegungen) stabilisieren die vertikale Ausrichtung des Auges gegenüber seitlichen Neigungen des Kopfes.

Beim Sehen sind die genannten Bewegungszustände und Bewegungen des Auges so koordiniert, dass der Ort visueller Aufmerksamkeitszuwendung im Bereich der Fovea centralis beider Augen abgebildet wird.

Neben den Funktionen des scharfen Sehens und damit der Identifikation sowie der Bewegungswahrnehmung von Sehobjekten, kommt dem visuellen System die Funktion der Wahrnehmung der Eigenbewegung zu.

So wird z. B. zur Vorbereitung eines Volleyball- oder Tennisaufschlages das gegnerische Spielfeld mit mehreren Fixationen belegt, um zu erkennen, wo gegnerische Spieler positioniert sind und wo das gegnerische Spielfeld schlecht gedeckt ist.

Nachdem der oben beschriebene Tennisaufschlag gespielt wurde, wird der Rückschläger den Ball bis zum Treffzeitpunkt seines eigenen Schlages ständig im Bereich der Fovea centralis beider Augen abbilden. Hierzu ist eine Kombination aus Konvergenz- und Folgebewegung notwendig, die wegen der hohen Ballgeschwindigkeit durch Kopfbewegungen unterstützt wird. Die Funktion der zentralen retinalen Abbildung des Balles liegt zum einen in der möglichst präzisen Wahrnehmung von Ballgeschwindigkeit und -richtung über die efferent kontrollierte Bewegungswahrnehmung sowie dem scharfen Sehen von Balldetails, z. B. des Spin. Zu Beginn des Ballfluges ist die notwendige Rotationsgeschwindigkeit der Augen geringer als in der letzten Phase vor dem eigenen Treffen, da der Ball sich vorrangig in Richtung des Rückschlägers bewegt.

Beim Joggen im Wald belegen Sie den vor Ihnen liegenden Laufweg mit Fixationen, um die Trittsicherheit der nächsten Schritte zu prüfen. Da Sie sich auf die Sehobjekte, z. B. rutschige Blätter oder nasse Steine, zubewegen, müssen Konvergenzbewegungen stattfinden, um das Sehobjekt im Bereich der Fovea centralis beider Augen stabil zu halten.

Sie erwarten als Zuspieler im Volleyball am Netz stehend den Ball des Annahmespielers. Sie belegen den Ball mit Folgebewegungen, die durch Vergenz- und Kopfbewegungen ergänzt werden, um Ballgeschwindigkeit und Richtung möglichst präzise einschätzen zu können. Gleichzeitig versuchen Sie, mit peripherem Sehen (peripheres retinales Abbild) zu erkennen, ob der gegnerische Mittelblockspieler

Psy (andere Erklärungsansätze)

zum Blocken des von Ihnen geplanten Aufsteigers mit Ihrem Angreifer mitspringt. Sie können Details des gegnerischen Spielers nicht scharf sehen, jedoch Bewegungsgeschwindigkeit und Bewegungsrichtungen einschätzen (afferente Bewegungswahrnehmung).

3.2.1.2 Das vestibuläre System

Das vestibuläre System wandelt translatorische und rotatorische Beschleunigungen des Kopfes in bioelektrische Signale um und verarbeitet sie in verschiedenen Instanzen des zentralen Nervensystems (ZNS). Diese Verarbeitung wird durch zusätzliche Signale des visuellen und des propriozeptiven Systems unterstützt.

In jedem Innenohr befindet sich neben der Cochlea (Hörschnecke) jeweils ein Vestibularapparat. Er besteht aus fünf Organen: drei Bogengangsorgane und zwei Maculaorgane. Die beiden Maculaorgane sind für Translationsbeschleunigungen des Kopfes zuständig, die Bogengangsorgane für Rotationsbeschleunigungen (s. Abb. 38).

In beiden Organtypen führen die jeweiligen Beschleunigungen zur Auslenkung von Haarzellen, in den Bogengangs-

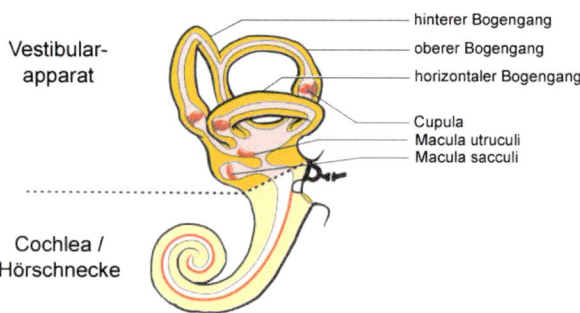

Abb. 38. Schema der Bogengangsorgane und der Maculaorgane des Innenohres (modif. nach Zenner, 1993, S. 330)

organen im Bereich der Cupula (gallertige Masse). Diese Auslenkungen werden in elektrische und chemische Signale umgewandelt. Sie werden über den afferenten Vestibularis-Nerv in das zentrale vestibuläre System geleitet, wo sie zusammen mit Signalen des visuellen und des propriozeptiven Systems verarbeitet werden.

Vestibuläres und visuelles System sind noch anderweitig verbunden. Änderungen der Kopfhaltung und auch schnelle Drehbewegungen des Kopfes führen über vestibulookuläre Reflexe zu kompensatorischen Augenbewegungen, um das Blickfeld stabil zu halten.

Im Stand führt die (translatorische) Erdbeschleunigung zur Auslösung spezifischer Signale beider Maculaorgane. Diese Information über die Lage des Kopfes im Raum wird ergänzt durch visuelle Information und Information der Propriozeption der Hals- und Rumpfmuskeln sowie der Muskeln der Extremitäten. So ist eine ständige Haltungskontrolle gewährt.

3.2.1.3 Das Muskellängensystem

Das Muskellängensystem wandelt Muskellängen und Muskellängenveränderungen in bioelektrische Signale um, die von verschiedenen Instanzen des zentralen Nervensystems (ZNS) verarbeitet werden.

Das Muskellängensystem wird zusammen mit dem Sehnenspannungssystem und dem Gelenkstellungssystem als propriozeptives System bezeichnet. Die Propriozeption wird zusammen mit Mechano- und Thermorezeption als Somatosensorik (Körperwahrnehmung) bezeichnet.

Rezeptor des Muskellängensystems ist die Muskelspindel (s. Abb. 39). Um Längen und Längenveränderungen zu registrieren, sind Muskelspindeln parallel zu den Muskelfasern der Arbeitsmuskulatur (extrafusale Muskelfasern) angeordnet. Spezielle in der Muskelspindel liegende Muskelfasern (intrafusale Muskelfasern) reagieren sensibel auf Muskellängen und ihre Veränderungen. Die resultierenden Signale werden von afferenten Nervenfasern an verschiedene Instanzen des ZNS weitergeleitet und dort verarbeitet.

Intrafusale Muskelfasern können über efferente Nervenfasern innerviert werden. Sie kontrahieren an beiden Enden der Muskelspindel (polarer Anteil) und führen damit zu einer Längenzunahme in ihrem mittleren, längenempfindlichen Bereich (äquatorialer Anteil). Das Muskellängensystem kann dadurch in seiner Empfindlichkeit verändert und die Länge der intrafusalen Muskelfaser stets an die Länge der

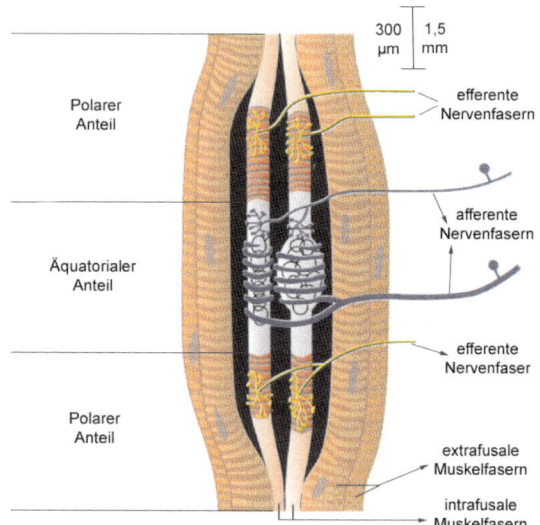

Abb. 39. Aufbau einer Muskelspindel (modif. nach Matthews, 1972, aus Illert, 1993, S. 125)

extrafusalen Muskelfasern angepasst werden. Die Innervation der extrafusalen und der intrafusalen Muskelfasern wird dann so koordiniert, dass eine bewegungsbegleitende Längenkontrolle der extrafusalen Muskelfasern möglich ist (α–γ–Koaktivierung).

3.2.2.2

Die hier aufgeführten sensorischen Systeme sind keineswegs voneinander unabhängig zu verstehen. Zur Feststellung der für die Motorik wichtigen Situationsbedingungen des Bewegungsapparats verarbeitet das ZNS ständig eine große Menge aus verschiedensten Quellen kommender Information. Nur ein Teil dieser Prozesse führt zur bewussten Wahrnehmung.

Sie stehen aufrecht und bekommen plötzlich einen Stoß von hinten. Mechanorezeptoren in der Haut und dem darunter liegenden Gewebe registrieren die Krafteinwirkung und ihre Intensität. Als mechanische Konsequenz des Stoßes beginnen Sie, nach vorne zu fallen. Das visuelle System registriert jetzt, dass Sie sich auf das gerade von Ihnen fixierte Sehobjekt zubewegen. Das vestibuläre System registriert eine hiermit korrespondierende Veränderung der Lage des Kopfes im Raum. Das beginnende Vorwärtsfallen führt zu einer Längenzunahme der Wadenmuskulatur, die vom Muskellängensystem registriert wird. Zusätzlich wird über Mechanorezeptoren in der Haut die Druckveränderung im Bereich der Fußsohle registriert. Die gemeinsame Verarbeitung der insgesamt zur Verfügung stehenden Information führt zu einer exakten Einschätzung der durch die Störung (den Stoß in den Rücken) verursachten Veränderung der Situation des Bewegungsapparates. Die entsprechenden Reaktionen motorischer Systeme zur Stabilisierung des Standes können eingeleitet werden.

3.2.2.3

Das gemeinsame Verarbeiten aller zugänglichen Information kann aber auch zu Problemen führen. Wenn Sie z. B. im dichten Nebel und Schneetreiben Ski fahren, kann Ihr visuelles System keine Eigenbewegung feststellen. Dies steht jedoch im Widerspruch mit der Information Ihres vestibulären und Ihres propriozeptiven Systems („miss-match"). Der Effekt ist eine große, auch bewusst erlebte, Unsicherheit über den aktuellen Bewegungszustand sowie eventuelle Übelkeit.

3.2.2 Motorische Systeme

Motorische Systeme haben die Funktion, Bewegungen des Körpers zu starten, auszuführen, die Ausführung zu überwachen, das Ergebnis zu bewerten und die Ausführungsvorschriften dieser Prozesse zu speichern.

Sensorische und motorische Systeme sind in ihren Funktionen für das Bewegen untrennbar verbunden. So sind z. B. für die Überwachung der Bewegungsausführung und die Ergebnisbewertung sensorische Systeme notwendig.

Zu den Elementen motorischer Systeme gehören bestimmte, für die Motorik zuständige Areale des Kortex (Großhirnrinde). Nervenfasern verbinden diese Kortexareale mit dem Rückenmark, in dem die für Muskelkontraktionen zuständigen Motoneurone liegen (absteigende motorische Bahnen, Pyramidenbahn). Andere schleifenförmig angelegte Nervenfasern verbinden das Zerebellum (Kleinhirn) und die Basalganglien mit verschiedenen für die Motorik zuständigen Kortexarealen. Zerebellum und Basalganglien haben eine große Bedeutung für die Vorbereitung und die Kontrolle von Bewegungen. Sie passen die efferenten Kommandos an die aktuelle Situation an.

3.2.2.1 Muskelkontraktion

Körperbewegungen entstehen durch Muskelverkürzungen (Muskelkontraktionen).

Ein Muskel (s. Abb. 40) besteht aus vielen Muskelfasern, die sich wiederum aus parallel angeordneten Myofibrillen zu-

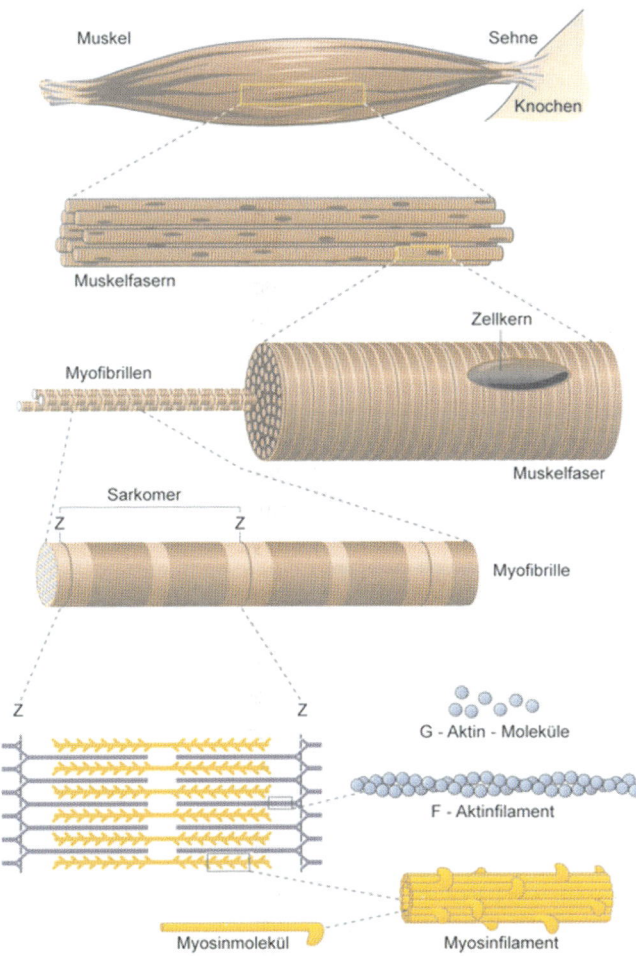

Abb. 40. Aufbau des Skelettmuskels (modif. nach Bloom & Fawcett, 1986, aus Rüdel, 1993, S. 86)

113

sammensetzen. Jede Myofibrille besteht aus hintereinander geschalteten Sarkomeren, die jeweils zwischen zwei so genannten Z-Scheiben liegen. In jedem Sarkomer befinden sich parallel angeordnete Fäden (Filamente).

Dicke Myosinfilamente und dünne Aktinfilamente können aneinander entlang gleiten (Theorie der gleitenden Filamente, Huxley, 1969). Bei einer Innervation der Muskelfasern ziehen sich die Myosinfilamente durch die Aktinfilamente und verkürzen hierdurch das Sarkomer. Das Hineinziehen geschieht dadurch, dass sich Myosinköpfchen an das Aktinfilament anlagern, das Myosinfilament einen kurzen Weg am Aktinfilament vorbeiziehen und dann die Verbindung zum Aktinfilament wieder lösen (dieser Querbrückenzyklus wird oft mit der Ruderbewegung verglichen). Hierfür wird als unmittelbar Energiequelle ATP (Adenosintriphosphat) benötigt. Durch einen einzelnen Querbrückenzyklus würde sich ein Sarkomer nur um wenige nm (1 nm = 10^{-9} m) verkürzen. Erst das Hintereinanderschalten einer großen Zahl von Sarkomeren ermöglicht Muskelkontraktionen zur Ausführung von Körperbewegungen.

Eine motorische Einheit besteht aus einem Motoneuron und sämtlichen von ihm versorgten Muskelfasern.

Skelettmuskeln werden über spezielle Nervenfasern (Motoaxone) und durch besondere Nervenzellen (Motoneurone) innerviert. Jedes Motoneuron versorgt mehrere Muskelfasern, deren Anzahl in Abhängigkeit von der Aufgabe des Muskels zwischen 10 und mehreren Tausend liegt.

Die Kontraktionskraft wird durch Frequenzierung und Rekrutierung gesteuert.

Auf eine einzelne Entladung des Motoneurons reagieren die Muskelfasern mit einer Einzelzuckung. Wiederholte Entladungen führen zu Überlagerungen der Einzelzuckungen (Summation) und mit zunehmender Frequenz zur Steigerung der produzierten Kraft. Die Innervationsfrequenz ist deshalb ein Weg, die Kontraktionskraft zu steuern. Der zweite Weg ist die Anzahl der Rekrutierung motorischer Einheiten. Eine zunehmende Anzahl rekrutierter motorischer Einheiten sowie die Rekrutierung von motorischen Einheiten, die höhere Kräfte produzieren können (Muskelfasertypen), *Trai* führen zu einer Steigerung der Kontraktionskraft.

3.2.2.2 Dehnungsreflex

Ein Reflex ist die einfachste Form eines koordinierten motorischen Prozesses. Er stellt eine festgeschriebene motorische Reaktion auf einen äußeren Einfluss dar.

Es gibt verschiedenste Reflexe, z. B. Beugereflexe bei *Psy* schmerzhaften Reizen und den Lidschlussreflex bei schnellen Annäherungen von Objekten an die Augen. Alle Reflexe bestehen aus fünf Komponenten, die zusammen den Reflexbogen bilden: den Rezeptoren, den afferenten Nervenfasern, einem Reflexzentrum, den efferenten Nervenfasern und den Effektoren (den reagierenden Muskeln).

Die Funktion des Dehnungsreflexes liegt in der Längenstabilisierung des betreffenden Muskels.

Der Dehnungsreflex ist das einfachste Beispiel für einen Reflexbogen und darüber hinaus für die Sportmotorik von besonderer Bedeutung. Rezeptoren des Dehnungsreflexes sind die Muskelspindeln. Über afferente Nervenfasern, so genannte Ia-Fasern, werden für diesen Muskel zuständige Motoneurone im Rückenmark aktiviert (Reflexzentrum). Entladungen der Motoneurone führen über efferente Nervenfasern zu einer entsprechenden Reaktion des Effektors, also einer Kontraktion des Muskels, dessen Länge vorher zugenommen hat (s. Abb. 41).

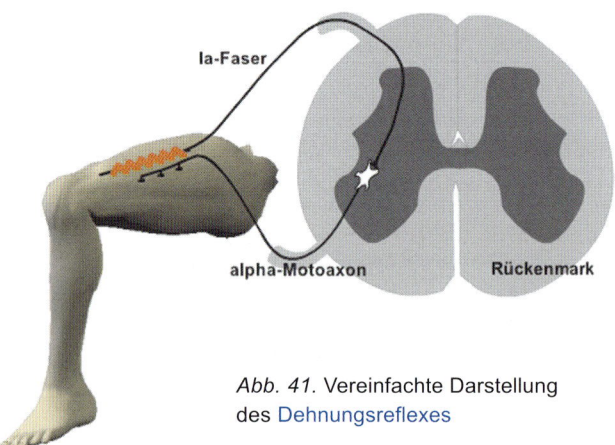

Abb. 41. Vereinfachte Darstellung des Dehnungsreflexes

www3222

Die Muskellänge wird nicht nur statisch im Sinne einer bestimmten Bewegungsposition stabilisiert. Durch α–γ–Koaktivierung kann die Empfindlichkeit der Muskelspindel ständig an bewegungsabhängig veränderte Muskellängen angepasst werden. Auf diese Weise ist eine ständige Kontrolle der Bewegung und ihre reflektorische Korrektur möglich.

3.2.1.3

Da der äußere Einfluss (Längenzunahme) und die motorische Reaktion beim Dehnungsreflex den gleichen Muskel betreffen, wird der Dehnungsreflex auch als Eigenreflex bezeichnet. Da das Reflexzentrum des (hier vereinfacht dargestellten) Dehnungsreflexes nur aus jeweils einer synaptischen Verschaltung besteht, nennt man ihn auch monosynaptisch. Andere Reflexe mit einer Vielzahl so genannter Interneurone und entsprechenden synaptischen Verschaltungen werden als polysynaptisch bezeichnet.

Der Dehnungsreflex wirkt im Stand als Antischwerkraftreflex. Er ist am Aufrechthalten des Körpers beteiligt, indem er u. a. dem Beugen der unteren Extremitäten entgegen wirkt. Wenn Sie am Strand auf eine Scherbe treten sollten, wird als polysynaptischer Reflex ein kombinierter Beuge- und gekreuzter Streckreflex ausgelöst. Der Beugereflex Psy *führt zu einer Kontraktion der ipsilateralen (gleichseitigen) Beugemuskeln und einer gleichzeitigen Hemmung der ipsilateralen Streckmuskeln. Der Fuß wird hierdurch reflektorisch hochgezogen. Da sich durch diese Aktion unsere Standsicherheit dramatisch verschlechtert, sind zusätzliche Aktionen notwendig. Der gekreuzte Streckreflex führt zu einer zusätzlichen Aktivierung der kontralateralen (gegenseitigen) Streckmuskeln und Hemmung der entsprechenden Beugemuskeln. Das gegenseitige Bein erfährt eine Streckung. Dies führt zur Stabilisierung des Standes.*

3.2.2.3 Stütz- und Zielmotorik

Die Unterteilung der Motorik in Stützmotorik und Zielmotorik bedeutet nicht, dass zwei vollständig getrennte und unabhängig voneinander zu betrachtende Systeme und entsprechende Prozesse vorhanden wären. Bei der Steuerung und Regelung sportlicher Bewegungen sind Teilsysteme und Teilprozesse der Ziel- und Stützmotorik untrennbar miteinander verbunden. Die hier vorgenommene differenzierte Betrachtung beider Motorik-Komponenten bezweckt allein das konzentriertere Beleuchten einzelner Teile des Gesamtgeschehens.

117

Die aufrechte Haltung des Menschen bedarf der ständigen Regulierung der Kontraktionskraft der Bein- und Rumpfmuskulatur. Der hierfür verantwortliche Teil der Motorik wird Stützmotorik genannt.

2.1.2.4 Stehen ist ein aktiver Prozess. Wenn eine Versuchsperson scheinbar unbeweglich auf einer dynamometrischen Plattform steht, kann die Dynamik dieses Prozesses an den in x-, y- und z-Richtung gemessenen Bodenreaktionskräften deutlich erkannt werden (s. Abb. 42). Ziel dieses Prozesses ist es, das motorische Gleichgewicht zu halten.

Ein menschlicher Körper ist dann im motorischen Gleichgewicht, wenn die Resultierende aller wirkenden Kräfte und die Summe aller Drehmomente bestimmte Werte nicht überschreiten. Diese Werte variieren in Abhängigkeit von der gestellten Aufgabe sowie individuellen und äußeren Voraussetzungen.

3.4 Ältere Definitionen des (motorischen) Gleichgewichts orientieren sich weitestgehend am Fähigkeitskonzept, so z. B. auch Carl (1987, S. 251): „Das motorische Gleichgewicht ist die Fähigkeit des Menschen, den eigenen oder fremde Körper (oder Fremdgegenstände), die sich nicht in einer absolut stabilen Gleichgewichtslage befinden, in der vorhandenen indifferenten oder labilen Gleichgewichtslage durch Ausgleichsbewegungen zu belassen."

Ausgangspunkt unserer Überlegungen soll die Definition des physikalischen Gleichgewichts sein, nach der ein starrer Körper dann im Gleichgewicht ist, wenn die Resultierende aller wirkenden Kräfte gleich Null und die Summe aller Drehmomente gleich Null ist (Kuchling, 1991, S. 60). Der Mensch ist jedoch kein starrer Körper, deshalb müssen im Stehen ununterbrochen Muskelkräfte gegen die Schwerkraft wirken.

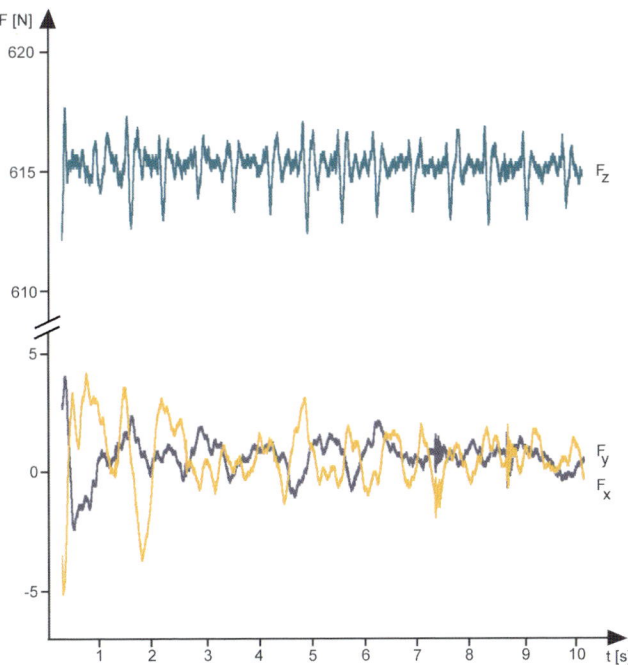

Abb. 42. Bodenreaktionskräfte beim beidbeinigen Stehen

– Die periodischen Ausschläge der F_z-Kurve stammen von vertikalen Massenverlagerungen des Herzens (Herzschlag)

– Die Vorzeichen der F_x- und der F_y-Kurve zeigen die Kraftrichtungen rechts-links (F_x) bzw. vorwärts-rückwärts (F_y)

– F_z variiert um die Gewichtskraft der Versuchsperson (615 N)

Außerdem wirken durch die Atmung und den Herzschlag kontinuierlich wechselnde innere Kräfte, die zu Bewegungen von Teilkörpermassen führen. Beides hat ständige Störungen des Gleichgewichts zur Folge.

In Abhängigkeit von der Aufgabenstellung (z. B. Einbein- oder Zweibeinstand), individuellen Voraussetzungen (z. B. dem Fertigkeitsniveau) und äußeren Voraussetzungen

(z. B. rutschige oder nicht-rutschige Standfläche) können verschieden hohe Grenzwerte vorliegen.

Reaktive posturale Synergien führen nach Störungen des motorischen Gleichgewichts zu seiner Wiederherstellung. Sie müssen erlernt werden.

Wird das motorische Gleichgewicht gravierend gestört, z. B. dadurch, dass wir ausrutschen oder einen Stoß bekommen, werden posturale, d. h. die Haltung betreffende Reaktionen ausgelöst, um das motorische Gleichgewicht wieder herzustellen. Um dies zu gewährleisten, müssen verschiedene Muskelgruppen funktional sehr gut aufeinander abgestimmt zusammen arbeiten. Es werden posturale Synergien wirksam.

Reaktive posturale Synergien wurden von der Arbeitsgruppe um Nashner untersucht, indem man Versuchspersonen auf bewegliche Plattformen gestellt hat (1977; 1979; 1985). Diese Plattformen konnten in wenigen Sekundenbruchteilen einige Zentimeter horizontal bewegt werden und führten dadurch zu einer Störung des motorischen Gleichgewichts der Versuchspersonen. Wurde die Plattform nach hinten bewegt, drohte die Versuchsperson nach vorne zu fallen. Dies führt zu einer posturalen Synergie, die aus nacheinander stattfindenden Kontraktionen der Wadenmuskulatur, der Muskulatur der Oberschenkelrückseite sowie der Rückenmuskulatur besteht. Aufgrund des zeitlichen Verlaufs kann ausgeschlossen werden, dass es sich bei diesen Kontraktionen um nacheinander geschaltete einfache Dehnungsreflexe handelt. Es wird vielmehr angenommen, dass die gesamte posturale Reaktion auf einer zusammenhängenden neuronal programmierten Muskelsynergie beruht.

Bei unterschiedlichen Störungen des motorischen Gleichgewichts treten eine Reihe verschiedener reaktiver posturaler Synergien gemischt auf. Die Feinabstimmung dieser Mischungen aus reaktiven posturalen Synergien ist übungsabhängig und muss gelernt werden.

Antizipatorische posturale Synergien dienen als funktionales Zusammenwirken verschiedener Muskelgruppen der Vorbereitung von Bewegungen. Sie sollen den Verlust des motorischen Gleichgewichts vorbereitend vermeiden und müssen erlernt werden.

Sportliche Bewegungen beinhalten in den meisten Fällen beträchtliche Massenverlagerungen des Körpers oder auch von Sportgeräten. Damit trotz dieser Bewegungen das motorische Gleichgewicht gehalten werden kann, sind präzise hierauf abgestimmte Vorbereitungsbewegungen notwendig, so genannte antizipatorische posturale Synergien. Auch die Feinabstimmung antizipatorischer posturaler Synergien ist übungsabhängig und muss gelernt werden.

Sie stehen normal auf beiden Fußsohlen und bekommen die Aufgabe, in den Zehenstand zu wechseln. Direkt notwendig wäre hierzu eine Kontraktion der Wadenmuskulatur, die zu einer Streckung der Fußgelenke und damit der Einnahme des Zehenstandes führen würde. Da die Standfläche jedoch plötzlich vor der senkrechten Projektion ihres KSP liegen würde, würden Sie zurückfallen. Zur Lösung der Aufgabe ist als Vorbereitung eine relativ zur Unterstützungsfläche vorwärts gerichtete Bewegung Ihres Körpers notwendig. Es handelt sich um eine leichte Vorwärtsrotation um die Fußgelenke, die durch die Kontraktion der Schienenbeinmuskulatur bewirkt wird.

Unter Zielmotorik werden diejenigen motorischen Teilsysteme und Teilprozesse verstanden, die für die Steuerung geplanter Bewegungen zuständig sind.

In verschiedenen kortikalen und subkortikalen Arealen entsteht unter Einbeziehung von motivationalen und sensorischen Einflüssen der Antrieb, eine Bewegung auszuführen und es wird eine entsprechende Bewegungsvorstellung aktiviert. Für den vor allem in früheren Jahren vorrangig benutzten Begriff „Bewegungsvorstellung" werden in der physiologisch orientierten Literatur weitgehend synonym die Begriffe „Bewegungsplan" und „Bewegungsentwurf" verwendet.

www3223   Die wichtigsten beteiligten kortikalen Areale liegen im Bereich des Assoziations- und des Motorkortex. Subkortikale
www3223   Zentren sind die Basalganglien und das Kleinhirn (Zerebellum). Vorverarbeitete Signale aus den genannten kortikalen Arealen werden in den Basalganglien und dem Kleinhirn weiterverarbeitet.

Die Basalganglien sind an der Umsetzung des Bewegungsplans in ein zeitlich und räumlich organisiertes Impulsmuster beteiligt, in dem Bewegungsparameter wie etwa Amplitude, Richtung, Geschwindigkeit und Kraft einer Bewegung weitgehend festgelegt werden.

Eine wesentliche Funktion des Kleinhirns ist die Integration stützmotorischer Anteile in die geplante Bewegung. Die so weiterverarbeiteten Signale werden über hier zu vernachlässigende andere Zentren in verschiedene Areale des Motorkortex geleitet. Hier wird das Signalmuster durch weitere Verarbeitungsschritte verfeinert. Dieses verfeinerte Signalmuster wird dann über eine große Zahl zusammenlaufender Nervenfasern in subkortikale Zentren des Hirnstamms und des Rückenmarks geleitet. Von hier aus werden über Interneurone oder direkt über α- und γ-Motoneurone Muskelfasern mit den entsprechenden Impulsmustern innerviert.

3.3 Theoretische Ansätze der Motorik

In diesem Lehrbuch können nur einige ausgewählte Theorien der motorischen Kontrolle behandelt werden. Die Auswahl richtet sich einerseits nach der wissenschaftlichen, andererseits nach der praktischen Bedeutung, die die Theorien im Verlauf der letzten Jahrzehnte erlangten.

Die berücksichtigten Theorien werden dem Informations-verabeitungs-Ansatz zugeordnet. Dieser Ansatz hat in den siebziger und achtziger Jahren des vergangenen Jahrhunderts die größte wissenschaftliche Geltung erreicht, spielt aber auch noch in heutiger Zeit eine wichtige Rolle in der Motorikforschung. Die wesentlichen Theorien dieses Ansatzes sollen im Folgenden erläutert werden. Ein anderer, der systemdynamische Ansatz, wird im Kapitel 3.3.6 kurz zusammenfassend dargestellt.

3.3.1 „Open loop" bzw. „closed loop"-Kontrolle – Begriffsbestimmungen

„Open loop"-kontrollierte Bewegungen basieren auf Muskelinstruktionen, die vollständig vor Bewegungsbeginn festgelegt werden. Sensorische Rückmeldungen während der Bewegung werden nicht wirksam.

„Closed loop"-kontrollierte Bewegungen beruhen auf der Regelung durch sensorische Rückmeldungen während der Bewegung.

Grundsätzlich unterscheiden viele theoretische Ansätze der Motorik zwischen „open loop"- und „closed loop"-Kontrolle (s. Abb. 43).

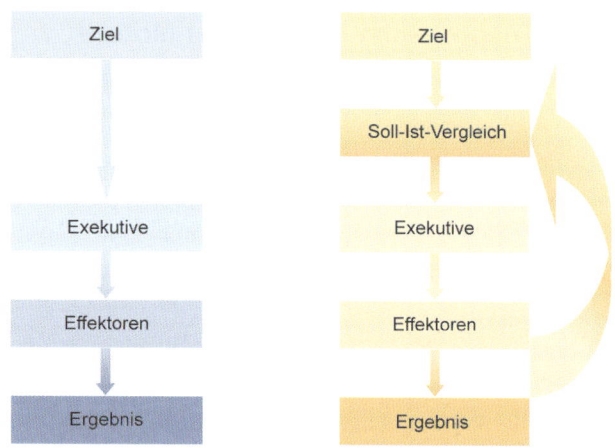

Abb. 43. „Open loop"- und „closed loop"-Kontrolle

Bei der „open loop"-Kontrolle werden vor dem Beginn einer auszuführenden Bewegung ihrem Ziel entsprechend von einer exekutiven Instanz alle Details dieser Bewegung fest-gelegt. Diese Details werden dann als Instruktionen an Ef-fektoren, die Muskeln, geleitet. Die Bewegung wird nach diesen Instruktionen ausgeführt, und es wird ein bestimmtes Ergebnis erzielt. Das Ergebnis muss nicht immer mit dem Ziel der Bewegung übereinstimmen. Wenn die Details der Bewegung als Instruktionen an die Effektoren geleitet wur-den, ist ein Abbruch der Bewegung oder eine Korrektur nicht mehr möglich.

Ausgehend vom Ziel der Bewegung wird bei der „closed loop"-Kontrolle ein Soll-Ist-Vergleich durchgeführt. Der Soll-

Status entspricht dem Ziel der Bewegung, der Ist-Status dem aktuellen Status des motorischen Systems. Der Ist-Status wird durch afferente Signale sensorischer Teilsysteme festgestellt. Dies geschieht sowohl in Bezug auf den Status der Effektoren als auch in Bezug auf das Ergebnis. Das Ergebnis des Soll-Ist-Vergleichs wird einer exekutiven Instanz übermittelt, die Instruktionen an die Effektoren weiterleitet, um die Soll-Ist-Diskrepanz zu verringern. Die nach diesen Instruktionen durchgeführte Bewegung verändert den Ist-Status des motorischen Systems, der in einen neuen Soll-Ist-Vergleich überführt wird. Dieser Prozess findet solange statt, bis das Bewegungsziel erreicht ist, d. h. keine Soll-Ist-Diskrepanz mehr vorliegt. Ausschließlich zum Start der Bewegung entwirft die Exekutive Instruktionen für die Effektoren, die nicht abhängig von bewegungs-induzierten Rückmeldungen sind.

Während man früher dachte, dass eine bestimmte Bewegung entweder „open" oder „closed loop" kontrolliert wird, geht man in jüngerer Zeit davon aus, dass durchaus beide Prozesse an der Kontrolle einer Bewegung beteiligt sein können.

Für beide Systeme gibt es technische Beispiele. Bei älteren Heizungsanlagen besteht nur die Möglichkeit, durch Drehen an einem Ventil des Heizkörpers mehr oder weniger warmes Wasser hereinfließen zu lassen, um damit die Raumtemperatur zu erhöhen („open loop"). Bei moderneren Heizungsanlagen wird eine gewünschte Raumtemperatur mit der aktuellen Raumtemperatur verglichen. Ist die aktuelle Raumtemperatur niedriger als die gewünschte, wird das Ventil solange geöffnet, bis die gewünschte Raumtemperatur erreicht ist („closed loop").

Die Schlagbewegung des Schlagarmes beim Angriffsschlag im Volleyball ist ein Beispiel für eine „open loop"-kontrollierte

Bewegung. Ist die Schlagbewegung einmal gestartet, können wir sie nicht mehr korrigieren oder abbrechen, auch wenn wir sehen, dass wir den Ball wahrscheinlich in den Block schlagen werden.

Der Zielvorgang beim Sportschießen ist dagegen ein typisches Beispiel für eine „closed loop"-kontrollierte Bewegung.

3.3.2 Das Koordinations-Modell von Schnabel

Das Modell der motorischen Kontrolle von Schnabel (1977; 1987b; 1998b) kann als typisches „closed loop"-Modell verstanden werden (s. Abb. 44). Im Gegensatz zum Verständnis des Begriffs „Programm" im folgenden Kapitel meint „Programmierung" hier eine eher grobe Antizipation (Vor-

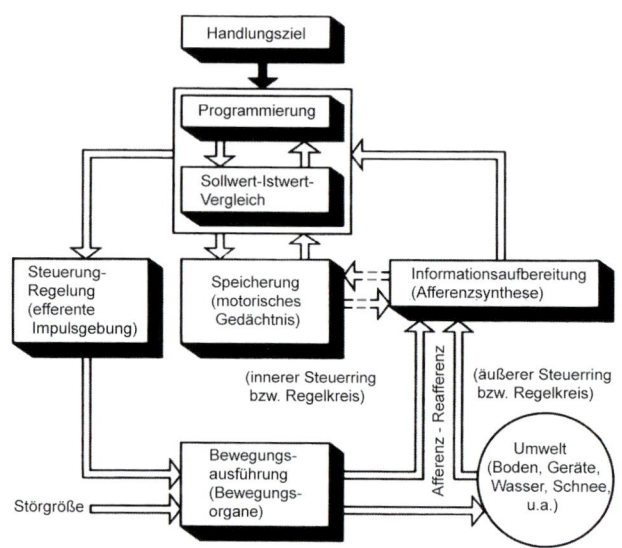

Abb. 44. Vereinfachtes Modell der Bewegungskoordination (Schnabel, 1998b, S. 42)

wegnahme) einzelner Abschnitte der Bewegung und ihrer Ergebnisse und nicht eine Festlegung aller Bewegungsdetails. Unter „Reafferenzen" werden bewegungsabhängige Afferenzen verstanden, die zusammen mit anderen Afferenzen verarbeitet (Afferenzsynthese) und dem Sollwert-Istwert-Vergleich zugeführt werden. Im inneren Regelkreis wird ausschließlich körperinterne Information verarbeitet, z. B. der Propriozeption, im äußeren Regelkreis auch körperexterne Information, z. B. des visuellen Systems. Das motorische Gedächtnis speichert frühere Bewegungs-   *4.2* erfahrungen und die antizipierten Teilabschnitte und -ergebnisse der auszuführenden Bewegung (vgl. Schnabel, 1998b, S. 33-73).

3.3.3 „Open loop"-Kontrolle: Motorische Programme

Nach älterer Auffassung steuert ein gespeichertes motorisches Programm alle Details einer Bewegung.

Bei der „open loop"-Kontrolle wird davon ausgegangen, dass vor Beginn einer auszuführenden Bewegung alle Details dieser Bewegung festgelegt sind. Hierfür werden motorische Programme verantwortlich gemacht. Die Existenz motorischer Programme ist eine zentrale Annahme der Motorikforschung. Bis Mitte der 70er Jahre dominierte ein Verständnis motorischer Programme nach Henry und Rogers (1960) bzw. Keele (1968), nach dem motorische Programme als sehr spezifisch angesehen wurden. Man nahm an, dass sie alle Details einer spezifischen Bewegung steuern.

Für die Annahme der grundsätzlichen Existenz motorischer Programme sprechen im Wesentlichen drei Gründe:
1. Bewegungsausführungen sind ohne sensorische Rückmeldungen möglich.
2. „Closed loop"-Prozesse sind zu langsam für schnelle Bewegungen.
3. Reaktionszeiten kovariieren mit der Komplexität der Bewegungen.

1. Dass Bewegungsausführungen ohne sensorische Rückmeldungen möglich sind, zeigen tierexperimentelle Untersuchungen, bei denen mit verschiedenen Techniken sensorische Rückmeldungen verhindert werden (Deafferentation). Die Tiere sind mit einigen Einschränkungen trotzdem in der Lage, koordinierte Bewegungen auszuführen. Das Gleiche gilt auch beim Menschen, wenn verletzungsbedingt sensorische Rückmeldungen unmöglich sind. Einer der ersten, der dies zeigen konnte, war Lashley (1917), der einen Patienten mit einer schussbedingen Deafferentation der Beine untersuchte.

2. Dass bei schnellen Bewegungen „closed loop"-Prozesse zu viel Zeit benötigen würden, um noch zur Kontrolle der Bewegung beitragen zu können, zeigte unser Beispiel des Angriffsschlages. Die bekannteste experimentelle Untersuchung hierzu stammt von Slater-Hammel (1960). Es wurde gezeigt, dass ca. 200 ms benötigt werden, damit visuelle Information zur Korrektur oder zum Abbruch der Experimentalbewegung genutzt werden kann. Obwohl die Verarbeitung anderer sensorischer Rückmeldungen sehr viel weniger Zeit benötigt, z. B. der Dehnungsreflex nur ca. 30-50 ms, erscheint es plausibel, dass nicht alle Einzelheiten sehr

3.3.1

www333a

schneller Bewegungen über sensorische Rückmeldungen kontrolliert werden können.

3. Im Zusammenhang mit dem letzten der drei Gründe sollen die schon o. g. Henry und Rogers (1960) herangezogen werden. Sie maßen die Reaktionszeiten für Bewegungen verschiedener Komplexität und stellten fest, dass die Reaktionszeit mit zunehmender Komplexität ansteigt. Sie erklären dies damit, dass die Vorstrukturierung der motorischen Programme (Vorprogrammierung) bei steigender Komplexität der Bewegung mehr Zeit benötigte. Dies wird als Hinweis auf die Existenz einer Vorprogrammierung und damit eines motorischen Programms gewertet.

www333b

Gegen die Annahme einer 1:1-Speicherung von Bewegungen in motorischen Programmen sprechen der große Speicherbedarf im motorischen Gedächtnis und die fehlende Möglichkeit zur Ausführung neuer Bewegungen.

Wenn angenommen wird, dass motorische Programme im Gedächtnis gespeichert werden, und wenn darüber hinaus angenommen wird, dass jede einzelne Bewegung mit einem eigenen motorischen Programm im Gedächtnis repräsentiert wäre, treten einige Probleme auf, von denen die zwei wichtigsten hier behandelt werden sollen: das Speicherungsproblem und das Neuigkeitsproblem.

Bewegungen, die wir ausführen, sind nie identisch. Auch wenn, wie im Hochleistungssport, Bewegungen tausendfach trainiert werden, unterscheiden sie sich bei jeder Ausführung in Details. Dies bedeutet nichts anderes, als dass jede dieser Bewegungen auf unterschiedlichen motorischen Programmen beruhen müsste, wenn diese alle Details der Bewegung festlegen sollen.

Hieraus resultiert zum einen das Speicherungsproblem. Wenn jede einzelne der Unmengen an verschiedenen Bewegungen, die wir ausführen, mit einem eigenen motorischen Programm im Gedächtnis gespeichert wäre, benötigen wir eine ebensolche Unmenge an Speicherplatz. Dies ist insofern kein hartes Argument, weil bislang niemand den benötigten Speicherplatz für ein motorisches Programm bzw. den insgesamt vorhandenen Speicherplatz des Gedächtnisses quantifiziert hat. Es ist jedoch insofern plausibel, als ein solches Funktionieren des motorischen Gedächtnisses und motorischer Programme hochgradig unökonomisch wäre.

Zum anderen resultiert hieraus das Neuigkeitsproblem. Eine neue auszuführende Bewegung wäre niemals identisch mit einer zuvor ausgeführten Bewegung. Für eine neue Bewegung kann deshalb kein motorisches Programm vorliegen. Wir wären also nicht in der Lage, neue Bewegungen auszuführen. Dies widerspricht allerdings unserer täglichen Erfahrung.

3.3.4 Schmidt's Theorie generalisierter motorischer Programme (GMP-Theorie)

Ein generalisiertes motorisches Programm (GMP) steuert eine ganze Klasse von Bewegungen und ist gekennzeichnet durch bewegungsübergreifende konstante Merkmale (Invarianten) und bewegungsspezifische variable Merkmale (Parameter).

Invarianten eines GMP sind „order of events", „phasing" und „relative force".

Parameter eines GMP sind „overall duration", „overall force" und „muscle selection".

Richard A. Schmidt (USA) ist einer der bedeutendsten Motorikforscher des späten 20. Jahrhunderts. Nach seiner GMP-Theorie (Schmidt, 1976) wird angenommen, dass ein motorisches Programm für eine ganze Klasse von Bewegungen gilt und deshalb ein generalisiertes (allgemeines) motorisches Programm darstellt. Die GMP-Theorie basiert auf der „impulse timing"-Hypothese. Sie besagt, dass ein motorisches Programm die Kraftstöße („impulses") steuert, *2.1.2.4* die von den an einer Bewegung beteiligten Muskeln produziert werden.

Ein GMP besteht aus konstanten Merkmalen (Invarianten) und variablen Merkmalen (Parametern). Invarianten eines GMP sind „order of events", „phasing" und „relative force". „Order of events" beschreibt die Reihenfolge von Teilbewegungen. „Phasing" bezieht sich auf die zeitliche Relation von Teilbewegungen oder Muskelkontraktionen. „Relative force" zielt auf die Relation der von verschiedenen Muskeln produzierten Kräfte ab, bzw. auf die Relationen von Kräften, die bei verschiedenen Teilbewegungen wirken. Innerhalb einer bestimmten Klasse von Bewegungen bleiben diese Merkmale konstant (invariant).

Je nach den konkreten situativen Bedingungen, unter denen die Bewegung ausgeführt werden soll, können unterschiedliche Ausprägungen der variablen Merkmale (Parameter) aufgeschaltet werden. Als wichtigste Parameter eines GMP gelten „overall duration", „overall force" und „muscle selection". „Overall duration" beschreibt die Gesamtdauer einer Bewegung. „Overall force„ bezieht sich auf die Gesamtkraft, die bei einer Bewegung eingesetzt wird. „Muscle selection" zielt auf die spezifische Muskelauswahl beim Einsatz eines GMP ab.

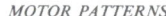

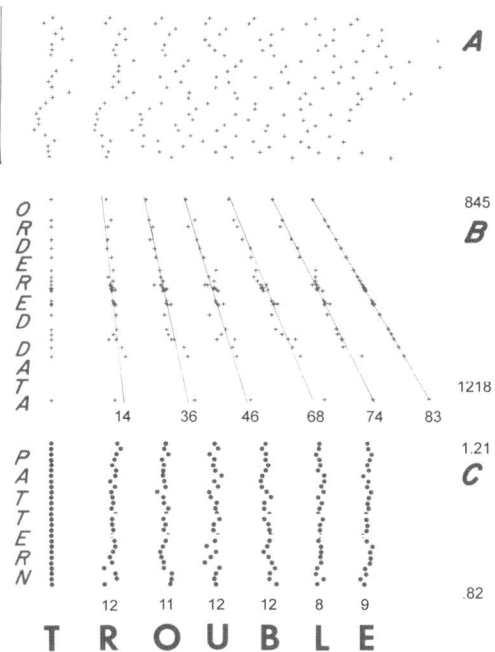

Abb. 45. Zeitliche Struktur des Schreibens von „trouble"
A, B: absolute Zeiten von einem Buchstaben zum nächsten;
B: nach der Gesamtdauer geordnet (845-1218 ms);
C: Zeiten an der Gesamtdauer relativiert)
(modif. nach Terzuolo & Viviani, 1979, S. 115)

Die Aussagen der GMP-Theorie können durch experimentelle Befunde gestützt werden. Am häufigsten wurde untersucht, ob „phasing" bei verschiedenen Bewegungen innerhalb einer Klasse tatsächlich konstant bleibt. So zeigte sich
z. B. bei der Aufgabe, das Wort „trouble" mit einer Schreib-
maschine in verschiedenen Geschwindigkeiten zu schrei-
www334a ben, konstantes „phasing" in Form von konstanten relativen

Zeitdauern von Buchstabe zu Buchstabe (Terzuolo & www334b Viviani, 1979, s. Abb. 45).

Shapiro, Zernicke, Gregor und Diestal (1981) fanden in ihrer Untersuchung Hinweise darauf, dass beim Übergang vom Gehen zum Laufen durch Steigerung der Fortbewegungsgeschwindigkeit ein anderes GMP herangezogen wird (s. Abb. 46). Während bei Fortbewegungsgeschwindigkeiten

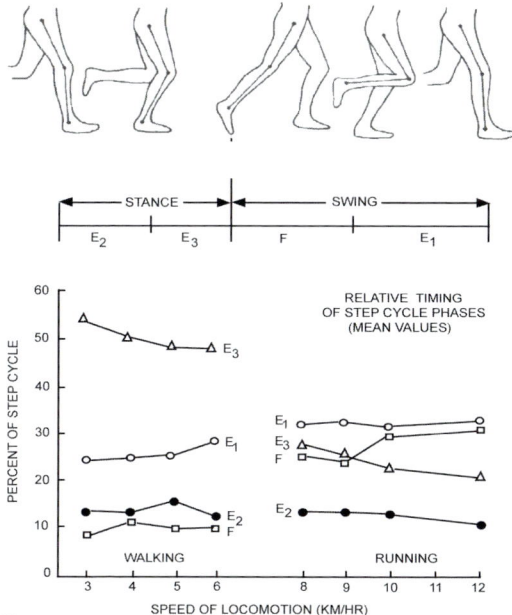

Abb. 46.

a) „Philippson step cycle"; E_1, E_2, E_3 und F als verschiedene Phasen eines Geh- und Laufschrittes (modif. nach Shapiro et al., 1981, S. 38)

b) Die relativen Zeiten der vier Phasen des „Philippson step cycle" in Abhängigkeit von der Geh- und Laufgeschwindigkeit. (modif. nach Shapiro et al., 1981, S. 42)

von drei bis sechs km/h „phasing" als Relation der Zeitdauer verschiedener Phasen der Schrittbewegung konstant bleibt, tritt eine gravierende Änderung bei der Steigerung von sechs auf acht km/h auf. Von acht bis zwölf km/h wird dann ein anderes, aber wiederum konstantes „phasing" ermittelt.

Beim Standwurf im Basketball könnte eine solche Klasse von Bewegungen, die von einem GMP kontrolliert wird, vorliegen. Obwohl diese Würfe aus unterschiedlichen Distanzen ausgeführt werden können, ist nur ein GMP zuständig. Der Wurf wird an verschiedene Distanzen angepasst, indem in der aktuellen Situation der passende Parameter „overall force" ausgewählt wird. Die Invarianten bleiben dagegen bei Würfen über verschiedene Distanzen konstant. Zusätzlich muss für unser Beispiel angenommen werden, das der Abflugwinkel des Balles ebenfalls konstant bleibt.
Betrachten wir zur Vereinfachung nur die Ellbogenbewegung eines solchen Wurfs. Der Ellbogen wird zuerst gebeugt

2.2.2.1 *(Vorbereitungsphase), dann gestreckt (Hauptphase). Konstant bleiben sollen die Invarianten „order of events", „phasing" und „relative force". Die Konstanz von „order auf events" ist hier trivial. Konstanz von „phasing" bedeutet in diesem Fall, dass z. B. die Relation von Beuge- und Streckdauer bei Würfen über unterschiedliche Distanzen die Gleiche bleibt. Konstanz von „relative force" heißt hier, das sich z. B. die Relation von Beuge- und Streckkraft nicht verändert.*

3.3.5 Äquilibriums-Punkt-Theorien

Bei den Äquilibriums-Punkt-Theorien wird angenommen, dass die Endposition einer Bewegung als Äquilibriums-Punkt der Zugkräfte der an der Bewegung beteiligten Muskeln kodiert wird.

Anders als in der GMP-Theorie wird bei den Äquilibriums-Punkt-Theorien (synonym: Gleichgewichts-Punkt-Theorien, „mass-spring"- oder Masse-Feder-Modelle) davon ausge-

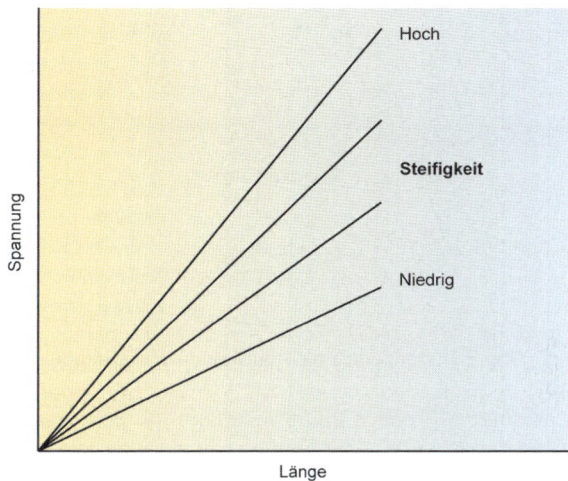

Abb. 47. Idealisiertes Längen-Spannungs-Diagramm mechanischer Federn verschiedener Steifigkeit

gangen, dass Bewegungen über ihre Endpositionen gesteuert werden und nicht über die für die Bewegung benötigten Kraftstöße („impulse timing"-Hypothese). Für die Kodierung der Endposition einer Bewegung wird der Gleichgewichts-Punkt der Zugkräfte der an der Bewegung beteiligten Muskeln angenommen. Dabei wird vereinfacht davon ausgegangen, dass der Muskel-Sehnen-Apparat sich wie eine mechanische Feder verhält. Eine wesentliche Eigenschaft von Federn ist, dass ihre mechanische Spannung ansteigt, wenn sie in die Länge gezogen werden. Der Anstieg der Spannung hängt von einer Federkonstanten, der Steifigkeit der Feder, ab (s. Abb. 47).

Betrachten wir beispielhaft eine bestimmte Stellung des Ellbogengelenks und nehmen wir vereinfacht an, es wären nur zwei Muskeln beteiligt, ein Streck- und ein Beugemuskel, die sich wie mechanische Federn verhalten (s. Abb. 48). Für

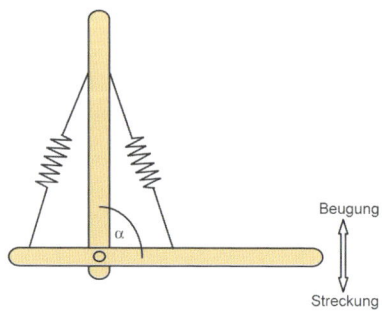

Beugung

Streckung

www335a   *Abb. 48.* Das Ellbogengelenk als Äquilibriums-Punkt-Modell

2.1.2.4

jede der beiden Federn hätten wir dann für eine gegebene Steifigkeit eine Längen-Spannungs-Beziehung wie in Abb. 47. In Abhängigkeit von der Beugestellung im Ellbogengelenk haben beide Federn jeweils eine bestimmte Länge und damit eine bestimmte Spannung. Diese Spannungen produzieren im Ellbogengelenk Drehmomente. Das Ellbogengelenk wird sich dann auf den Winkel einstellen, bei dem sich die durch beide Federn erzeugten Drehmomente im Gleichgewicht befinden, dem Schnittpunkt der Drehmoment-Gelenkwinkel-Beziehungen beider Federn (s. Abb. 49). Wenn dieser Winkel durch eine kurzzeitig einwirkende äußere Kraft verändert wird, kommt es nach Beendigung der Kraftwirkung zu einer Rückstellung auf den ursprünglichen Winkel. Für diese Rückstellung ist kein weiteres Programm notwendig, und sie ist nicht abhängig von Information über die Richtung der Abweichung oder über ihre Höhe.

Bewegungen werden nach den Äquilibriums-Punkt-Theorien dadurch gesteuert, dass innervationsbedingte Veränderungen der muskulären Längen-Spannungs-Beziehungen zu neuen Äquilibriums-Punkten führen.

Nach den bislang dargestellten Grundannahmen von Äquilibriums-Punkt-Theorien können sie einen wichtigen Beitrag

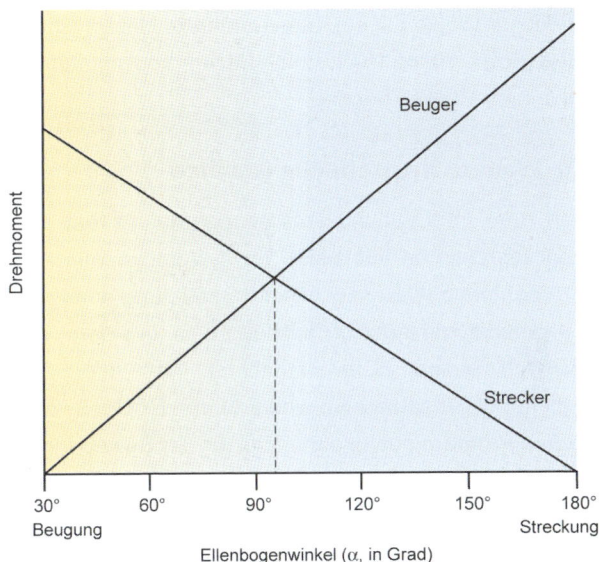

Abb. 49. Vereinfachte Darstellung der Grundannahmen von Äquilibriums-Punkt-Theorien

leisten, das Stabilisieren von bestimmten Bewegungspositionen bei äußeren Störungen – die Haltungskontrolle – zu erklären. Dies gilt für die Annahme konstanter Längen-Spannungs-Beziehungen der beteiligten Muskeln. Veränderungen der Längen-Spannungs-Beziehungen werden durch die Innervation der Muskeln erreicht. Wenn also ausgehend von einer bestimmten Gelenkstellung bei einem entsprechenden Äquilibriums-Punkt die beteiligten Muskeln anders innerviert werden, führen ihre veränderten Längen-Spannungs-Beziehungen zu einer Gelenkbewegung in Richtung des neuen Äquilibriums-Punkts, bis dieser erreicht ist.

Verschiedene Äquilibriums-Punkt-Theorien beziehen das Muskellängen-System und die α-γ-Koaktivierung in unter-

www335b

3.2.2.2

www335c schiedlicher Weise mit ein. Experimentelle Untersuchungen (Polit & Bizzi, 1978; 1979) unterstützen die Annahmen der Äquilibriums-Punkt-Theorien.

3.3.6 Weitere theoretische Ansätze

Neben dem Informationsverarbeitungs-Ansatz hat in den letzten Jahrzehnten vor allem der systemdynamische Ansatz zunehmend wissenschaftliche Bedeutung erlangt.

Der systemdynamische Ansatz steht in direktem Widerspruch zu einigen Grundannahmen des Informationsverarbeitungs-Ansatzes. So wird z. B. die Existenz von motorischen Programmen unabhängig von der Bewegungsausführung abgelehnt. Der Ansatz basiert auf dem Verständnis der Motorik als einem komplexen, sich nichtlinear verändernden (dynamischen), selbstorganisierenden System.

Zwei Beispiele aus Magill (1998a, S. 47, 49) sollen das Wesentliche dieses Ansatzes verdeutlichen:

Wenn Wasser mit steigender Geschwindigkeit durch ein Rohr geleitet wird, gibt es eine Geschwindigkeit, bei der sich das Verhalten des Wassers plötzlich von glattem Fließen zu turbulentem Strudeln verändert. Es ist dies ein nichtlinearer Übergang des Verhaltens des Wassers.

Ein Hurrikan entsteht, obwohl es in der Welt kein „Programm" dafür gibt, wo und wann dieser Hurrikan auftauchen soll. Ein Hurrikan entsteht dann selbstorganisiert, wenn bestimmte Bedingungen vorliegen, wenn Wettervariablen wie z. B. Wind- und Wassertemperaturen spezifische Werte erreichen.

Die Ursprünge dieses Ansatzes stammen aus der Mathematik und Physik. Inzwischen ist seine allgemeine Vorgehensweise auf viele andere Disziplinen, z. B. Chemie, Biologie,

Soziologie und auch auf die Motorik übertragen worden. Die bekanntesten Untersuchungen aus der Motorikforschung stammen von Kelso & Tuller (1984). In einer seiner Untersuchungen sollten die Versuchspersonen die Hände im Handgelenk mit steigender Frequenz gleichzeitig, aber phasenverschoben hin und her bewegen (z. B. das rechte Handgelenk wird gebeugt und das linke gestreckt). Bei einer bestimmten Frequenz wechselte die Bewegung von phasenverschoben nach phasengleich, d. h. die Hände bewegten sich parallel (s. Abb. 50).

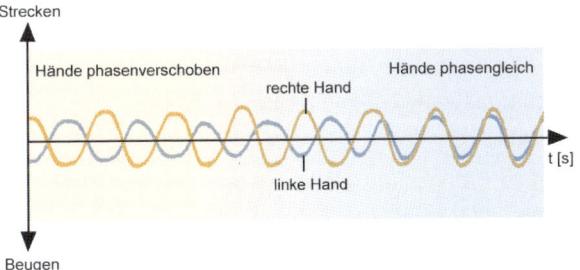

Abb. 50. Beuge- und Streckbewegungen der rechten und linken Hand (modif. nach Kelso & Tuller, 1964, S. 342)

Bei linearer Steigerung der Bewegungsfrequenz verändert sich die Phasenrelation nichtlinear. Dies wird als Ergebnis der Selbstorganisation des motorischen Systems verstanden und nicht als ein Wechsel von einem GMP („langsame Handbewegungen") zu einem anderen GMP („schnelle Handbewegungen") (vgl. dagegen Abb. 46 a, b).

3.4 Koordinative Fähigkeiten

3.4.1 Begriffsbestimmungen und Genese koordinativer Fähigkeiten

Koordinative Fähigkeiten sind relativ verfestigte allgemeine koordinative Leistungsvoraussetzungen für die Bewältigung motorischer Aufgaben. Fertigkeiten sind dagegen gelernte Bewegungs- und Koordinationsmuster zur Lösung spezifischer motorischer Aufgaben.

Allgemeine Fähigkeitskonzepte wurden in der Psychologie entwickelt. Man ging davon aus, dass individuelle Leistungen vom Fähigkeitsniveau abhängen und Leistungsunterschiede von Personen durch entsprechende Fähigkeitsunterschiede erklärt werden (Weinert, Schneider & Beckmann, 1991).

Trai Koordinative Fähigkeiten stellen neben den konditionellen Fähigkeiten, die vorrangig energetische Leistungsvoraussetzungen beschreiben, eine Klasse der motorischen Fähigkeiten dar.

Im Verhältnis zu Fertigkeiten werden koordinative Fähigkeiten als allgemeiner und stabiler verstanden. So wird z. B. angenommen, dass sich die Gleichgewichtsfähigkeit gleichermaßen auf motorische Fertigkeiten wie Windsurfen und Wellenreiten wie auf turnerische Fertigkeiten auswirkt. Sie soll deshalb einen höheren Allgemeinheitsgrad als die genannten Fertigkeiten besitzen. Außerdem wird angenommen, koordinative Fähigkeiten seien relativ verfestigt, d. h. dass sie nicht so schnell wie Fertigkeiten lernabhängig veränderlich sind. Teilweise wird sogar davon ausgegangen, dass sie genetisch angelegt und nicht durch Lernprozesse beeinflussbar sind (Schmidt & Lee, 1999, S. 411). Dies widerspräche allerdings der Annahme einer grundsätzlichen Trainierbarkeit koordinativer Fähigkeiten (Hirtz, 1994).

Sowohl in den USA als auch im deutschen Sprachraum entwickelten sich in der Mitte des 20. Jahrhunderts verschiedene Konzepte koordinativer Fähigkeiten. Man ging ursprünglich von einer allgemeinen Koordinationsfähigkeit aus, die im deutschen Sprachraum häufig „sportliche Gewandtheit" genannt wurde (vgl. Hirtz, 1964) (in den USA z. B. „general motor ability", Schmidt & Lee, 1999, S. 237). Einen Gegenpol bildeten die Vertereter der Spezifitätshypothese (Henry, 1958, 1968, zitiert nach Schmidt & Lee, 1999, S. 239; Bachman, 1961).

Gäbe es eine allgemeine Koordinationsfähigkeit, sollte sie sich auf die Leistungen verschiedener sportlicher Fertigkeiten sehr ähnlich auswirken. Anzunehmen wäre dann, dass Personen mit einer sehr guten Koordinationsfähigkeit auch sehr gute Leistungen in verschiedenen Fertigkeiten zeigen, während Personen mit einer schlechten Koordinationsfähigkeit eher schlechte Fertigkeitsleistungen zeigen. Anzunehmen wäre auch, dass Personen mit sehr guten Leistungen in einer sportlichen Fertigkeit auch sehr gute Leistungen in anderen sportlichen Fertigkeiten erbringen. Dies zeigte sich jedoch nicht. Statt eine allgemeine koordinative Fähigkeit anzunehmen, wurde jetzt nach spezifischeren koordinativen Fähigkeiten gesucht.

Es werden die empirisch-induktive und die theoretisch-deduktive Methode zur Ermittlung koordinativer Fähigkeiten unterschieden.

Bei der Suche nach koordinativen Fähigkeiten wurden empirisch-induktive und theoretisch-deduktive methodische Ansätze verfolgt (Roth, 1982). Unter empirisch-induktiv versteht man ein Vorgehen, bei dem von gemessenen Leistungen bei der Durchführung sportmotorischer Tests auf übergeordnete Fähigkeiten geschlossen wird. Die Ergebnisse der Tests werden statistisch (korrelationsstatistisch bzw. faktoren- oder clusteranalytisch) auf Zusammenhänge untersucht und gruppiert. Zusammenhängende Gruppen bestimmter sportmotorischer Tests liefern dann die Hinweise auf dahinter stehende koordinative Fähigkeiten. Theoretisch-deduktive Ansätze leiten aus vorliegenden Erkenntnissen über die menschliche Motorik die Existenz koordinativer Fähigkeiten ab, die anschließend in den meisten Fällen empirisch geprüft wird.

Trai

Meth

3.4.2 Überblick verschiedener Konzepte koordinativer Fähigkeiten

Die in den 60er bis 80er Jahren des 20. Jahrhunderts von verschiedenen Autoren entwickelten unterschiedlichen Konzepte koordinativer Fähigkeiten stimmen in den definierten Einzelfähigkeiten nicht überein (s. Tab. 11).

Von den vielen entwickelten Konzepten sollen hier einige im Überblick dargestellt werden. Eines der ersten Konzepte stammt von Hirtz (1964). Er unterschied zunächst acht Merkmale der Gewandtheit (s. Abb. 51).

Fleishman (1964, 1966, 1972, 1975) entwickelte seine Konzeption nicht in Zusammenhang mit sportwissenschaftlichen Fragestellungen. Er sollte ein Testinstrumentarium zur Auswahl von Bewerbern für die militärische Pilotenausbildung in

Abb. 51. Merkmale der sportlichen Gewandtheit (modif. nach Hirtz, 1964, S. 730)

den USA entwickeln. Seine faktorenanalytischen Untersuchungen ergaben zehn koordinative Fähigkeiten.

Roth (1982) ging theoretisch-deduktiv vor und fand vier koordinative Fähigkeiten.

Hirtz (1979) arbeitete später eher empirisch-induktiv und orientierte sich vorrangig an den Anforderungen des Schulsports. Er nannte jetzt fünf fundamentale koordinative Fähigkeiten, hielt jedoch die Existenz von weiteren für möglich. Das Vorgehen von Zimmermann (1987) ist ebenfalls als empirisch-induktiv einzuordnen, obwohl nicht die Geschlossenheit des empirischen Ansatzes unter Verwendung komplexer statistischer Verfahren vorliegt. Es wurden eher die verschiedenen Sportarten nach ihren unterschiedlichen Anforderungen analysiert, um letztlich sieben koordinative Fähigkeiten zu identifizieren.

143

Tab 11. *Koordinative Fähigkeiten nach Fleishman (1964, 1966, 1972, 1975); Roth (1982); Hirtz (1979) und Zimmermann (1987)*

Fleishman (1964; 1966; 1972; 1975)	Roth (1982; 1999)	Hirtz (1979)	Zimmermann (1987)
Motorische Steuerungsfähigkeit (allgemein)	Fähigkeit zur schnellen motorischen Steuerung	Kinästhetische Differenzierungsfähigkeit	Kopplungsfähigkeit
Motorische Steuerungsfähigkeit der oberen Extremitäten	Fähigkeit zur schnellen motorischen Anpassung / Umstellung	Räumliche Orientierungsfähigkeit	Differenzierungsfähigkeit
Motorische Kombinationsfähigkeit	Fähigkeit zur präzisen motorischen Steuerung	Gleichgewichtsfähigkeit	Gleichgewichtsfähigkeit
Motorische Anpassungs- und Umstellungsfähigkeit	Fähigkeit zur präzisen motorischen Anpassung / Umstellung	Komplexe Reaktionsfähigkeit	Orientierungsfähigkeit
Fingergeschicklichkeit		Rhythmusfähigkeit	Rhythmisierungsfähigkeit
Handgeschicklichkeit			Reaktionsfähigkeit
Reaktionsschnelligkeit			Umstellungsfähigkeit
Fähigkeit zur schnellen räumlichen Orientierung			
Schnelligkeit der Fingerbewegungen			
Schnelligkeit der Armbewegungen			

Die große Übereinstimmung der Ergebnisse von Hirtz (1979) und Zimmermann (1987) trugen dazu bei, dass beide Konzepte die weiteste Verbreitung im deutschen Sprachraum erfuhren. Sie erlangten eine hohe Bedeutung besonders für die Curricula des Schulsports, weil koordinative Fähigkeiten als Voraussetzung für spätere Erfolge beim Erlernen sportmotorischer Fertigkeiten angesehen wurden. Außerdem wurde die übungsbedingte Verbesserung der koordinativen Fähigkeiten an die Annahme der Existenz sensibler Phasen gekoppelt. Dies bedeutet, dass übungs-   *Trai* bedingte Verbesserungen möglichst in bestimmten Altersstufen induziert werden sollten, um bestmögliche Effekte erzielen zu können.

3.4.3 Kritische Meinungen

Die Tragfähigkeit des Ansatzes koordinativer Fähigkeiten wird zunehmend in Frage gestellt.

Seit den 90er Jahren des 20. Jahrhunderts mehren sich kritische Einwände gegen die Existenz koordinativer Fähigkeiten und es wird eher eine hohe Fertigkeitsspezifität der motorischen Kontrolle angenommen (vgl. Weinert, Schneider & Beckmann, 1991; Olivier, 1997). Dies erinnert stark an die Spezifitätshypothese, die als Gegenpol zur damaligen   *3.4.1* Annahme einer allgemeinen koordinativen Fähigkeit postuliert wurde.

In Bezug auf die Gleichgewichtsfähigkeit wurde gezeigt, dass Versuchspersonen bei verschiedenen Gleichgewichtsaufgaben sehr unterschiedliche Leistungen zeigen können (vgl. Hasenberg, 1996). Bei Annahme einer Gleichgewichtsfähigkeit wäre dies nicht zu erwarten, da sich die (gute oder schlechte) Gleichgewichtsfähigkeit der Versuchsperson auch bei unterschiedlichen Gleichgewichtsaufgaben niederschlagen sollte. Es zeigte sich auch, dass Windsurfer und Wellenreiter bessere Leistungen auf einem Stabilometer zeigen als Turner, obwohl die Gleichgewichtsfähigkeit erwartungsgemäß auch bei Turnern sehr gut ausgeprägt sein sollte. Die Ursache hierfür wird in der Übereinstimmung der Testaufgabe mit dem Windsurfen und Wellenreiten gesehen, das Gleichgewicht auf einer beweglichen, aber starren *www343* Unterlage zu regulieren (Büsch, Wilhelm & Schmidt, 2003).

4 Sportmotorisches Lernen

4.1 Begriffsbestimmung

Sportmotorisches Lernen ist die umgebungsbezogene, relativ überdauernde Ausbildung und Korrektur von sportmotorischem Gedächtnisbesitz.

Lernen ist ein wesentliches Phänomen lebender Organismen. Es ermöglicht die Anpassung an veränderliche Umweltbedingungen. Menschliches Lernen ist sehr vielfältig. Wir können z. B. ein Gedicht auswendig lernen, können versuchen, die biomechanischen Prinzipien zu verstehen, können lernen, uns in schwierigen Gesprächssituationen angemessen zu verhalten oder wir können eine neue sportliche Fertigkeit erlernen. Sportmotorisches Lernen bezieht sich auf das letztgenannte Beispiel und damit nur auf einen Teil menschlichen Lernens.

Trai

3.4.1

„Lernen" wird in Anlehnung an Klix (1971, S. 347) und Daugs und Blischke (1984, S. 381) grundsätzlich als umgebungsbezogene, relativ überdauernde Ausbildung und Korrektur von Gedächtnisbesitz angesehen. Motorisches Lernen bezieht sich auf motorisch relevanten Gedächtnisbesitz. Sportmotorisches Lernen bedeutet eine weitere Einschränkung. Sportmotorisches Lernen ist ein Prozess, d. h. eine Kette von Ereignissen, die zu einem Resultat, hier der sportmotorischen Verhaltensänderung, führt. Dieses Resultat, die sportmotorische Verhaltensänderung, ist das eigentliche Ziel sportmotorischen Lernens. Anders als das Resultat ist der Prozess selbst nicht beobachtbar. Der interessierte Forscher, oder in der Sportpraxis der Lehrer oder Trainer, können also nur vom Resultat auf den Prozess schließen. Es ist auch möglich, dass sportmotorisches Lernen als Prozess schon stattgefunden hat, aber aus verschiedensten Gründen das Resultat, die sportmotorische Verhaltensänderung, *Psy* nicht realisiert werden kann. Situationsbedingte Angst könn-*Trai, www4432a* te hierfür ebenso ein Grund sein wie Ermüdung.

Der sportmotorische Lernprozess ist umweltbedingt und *Psy* nicht auf Reifung (genetische Anlage) oder Wachstum (Vergrößerung von Körperbaumerkmalen) zurückzuführen.

Die Ausbildung und Korrektur von sportmotorischem Gedächtnisbesitz und die hieraus resultierende sportmotorische Verhaltensänderung müssen relativ überdauernd sein. Dies ist eine sehr ungenaue Formulierung, aber die Frage, welchen Zeitraum „relativ überdauernd" umfassen soll, wird in der Motorikforschung nicht einheitlich beantwortet. Einerseits sollen z. B. kurzfristige Verhaltensänderungen, die unter dem Einfluss von Emotionen, einer besonders hohen Motivation oder von Medikamenten beobachtbar sind und nach Beendigung dieses Einflusses wieder verloren gehen, nicht als Ergebnisse eines Lernprozesses verstanden werden. Andererseits spielen Annahmen zum Funktionieren des Gedächtnisses eine Rolle.

In der Lernforschung wird in diesem Zusammenhang zwischen kurzfristiger Aneigung („acquisition") und längerfristigem Behalten („retention") unterschieden.

In diesem Kapitel sollen zuerst die für ein Grundverständnis sportmotorischen Lernens notwendigen Kenntnisse über die Funktion des Gedächtnisses vermittelt werden. Im Weiteren werden dann ausgewählte Theorien zum motorischen Lernen behandelt. Dabei wird zum einen die historische Ent-

wicklung berücksichtigt. Zum anderen werden bei den aktu-
elleren Theorien diejenigen für eine ausführlichere Darstellung berücksichtigt, die eine große theoretisch-wissen-
schaftliche und sportpraktische Bedeutung erlangt haben.
Abschließend wird in einem umfangreichen Kapitel auf die
praktische Gestaltung motorischer Lernprozesse eingegangen. Hier werden unter Bezug auf die in früheren Kapiteln
erläuterten theoretischen Sachverhalte Hinweise zu den
vielfältigen Lehrentscheidungen gegeben, die als Lehrer
oder Trainer bei der Initiierung sportmotorischer Lernprozesse zu fällen sind.

4.2 Sportmotorisches Lernen und Gedächtnis

4.2.1 Kurzzeit- und Langzeitgedächtnis

Im Gedächtnis wird die für sportmotorisches Lernen wichtige
Information verarbeitet und gespeichert. Als wichtigste Formen
werden das Kurzzeit- und das Langzeitgedächtnis unterschieden.

Schon in der Frühzeit der Gedächtnisforschung wurden von
Ebbinghaus (1885) und James (1890) zwei Gedächtnisformen unterschieden, die noch heute nach Broadbent (1958)
Kurzzeitgedächtnis (KZG) und Langzeitgedächtnis (LZG)
genannt werden. Das KZG, häufig auch Arbeitsgedächtnis
genannt, hat die Funktion, Gedächtnisinhalte von begrenz-
tem Umfang für relativ kurze Zeit präsent zu halten. Be-
grenzter Umfang bedeutet, dass nur ca. sieben Elemente
gleichzeitig im KZG präsent gehalten werden können.
Allerdings kann Information im KZG umorganisiert werden,

www421 in dem sie in größere Einheiten, so genannte „chunks", zusammengefasst wird. Auf diese Weise können Gedächtnisinhalte in sehr viel größerem Umfang im KZG gespeichert werden. Das Limit liegt bei ca. sieben „chunks". Die Spei-

4.4.2.3 cherdauer beträgt einige Sekunden bis wenige Minuten, kann durch Wiederholen („rehearsal") verlängert werden und ist durch den Zustrom neuer Information begrenzt.

Es wird angenommen, dass die Wahrscheinlichkeit des Übertragens von Gedächtnisinhalten vom KZG in das LZG durch Üben vergrößert wird. Üben kann aus „rehearsal" oder tiefergehender Verarbeitung der KZG-Inhalte mit der Verknüpfung von LZG-Inhalten bestehen (elaborierte Verarbeitung). KZG und LZG beschreiben zwei parallele Instanzen, die Information gleichzeitig verarbeiten können und kontinuierlich ineinander übergehen (vgl. Birbaumer & Schmidt, 2000, S. 160) (s. Abb. 52).

Wenn Sie eine Telefonnummer gesagt bekommen, werden Sie mit zunehmender Anzahl der einzelnen Ziffern Schwierigkeiten feststellen, sich die Nummer auch nur kurze Zeit zu merken. Besser geht es, wenn Sie die einzelnen Ziffern gruppieren, wenn Sie also z. B. „drei", „sieben", „sechs" zu „dreihundertsechsundsiebzig" zusammenfassen („chunk"-Bildung). Falls Sie in dieser Situation nicht die Möglichkeit haben, sich die Telefonnummer zu notieren oder im Mobiltelefon zu speichern, werden Sie versuchen, das Vergessen durch häufiges internes oder auch gesprochenes Wiederholen zu verhindern („rehearsal"). Nehmen wir an, dass die Nummer Ihres Autos oder die Geburtstagsdaten eines guten Freundes eine große Nähe zu der neuen Telefonnummer hat, würde diese Verknüpfung wahrscheinlich zu einem besseren Behalten führen (elaborierte Verarbeitung).

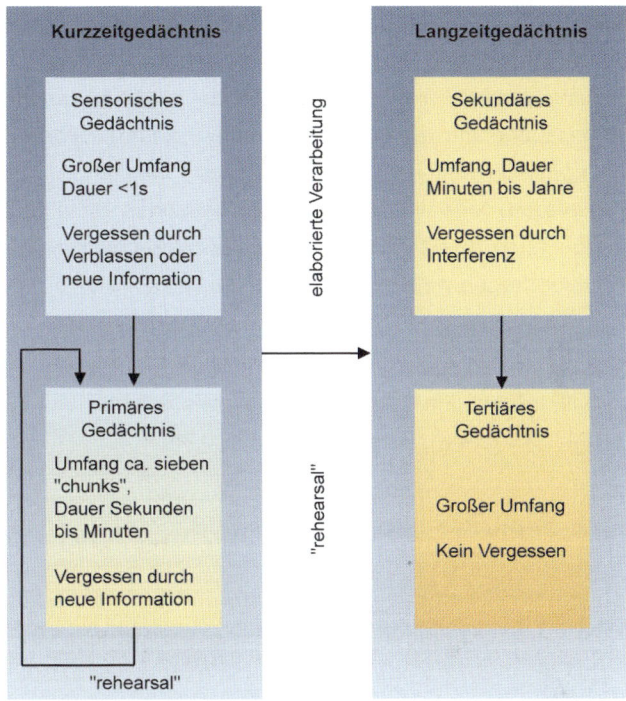

Abb. 52. Kurzzeit- und Langzeitgedächtnis (modif. nach Birbaumer & Schmidt, 2000, S. 160)

KZG und LZG können weiter unterteilt werden. Beim KZG werden das sensorische und das primäre Gedächtnis unterschieden. Sensorische Reize werden in großem Umfang für eine sehr kurze Dauer (< 1 s) im sensorischen Gedächtnis präsent gehalten, dort vorverarbeitet und selektiert. Die Eigenschaften des primären Gedächtnisses entsprechen weitgehend der o. g. Beschreibung des KZG. Beim LZG werden das sekundäre und das tertiäre Gedächtnis als Unterformen genannt. Beide Gedächtnisformen können Information von großem Umfang dauerhaft speichern. Sie unterscheiden sich bezüglich des Vergessens. Während das tertiäre Gedächtnis vergessensresistent ist, können Inhalte des sekundären Gedächtnisses durch Interferenz (Störung) mit bereits vorliegenden oder neu hinzukommenden Inhalten vergessen werden. Teilweise wird davon ausgegangen, dass Information auch direkt vom sensorischen Gedächtnis in das LZG übertragen werden kann (vgl. Menzel, 1996, S. 512).

Es werden mehrere Formen des Kurzzeitgedächtnisses angenommen, so z. B. für visuell-räumliche Information und verbale Information (Baddely, 1986) sowie motorische Information („Tu-Effekt", Engelkamp, 1990).

4.2.2 Implizites und explizites Gedächtnis

Beim sportmotorischen Lernen werden sowohl das implizite (unbewusste) als auch das explizite (bewusste) Gedächtnis genutzt.

www422 Der Fall H.M. erlangte für die Gedächtnisforschung einige Berühmtheit. Es handelte sich um einen Epilepsie-Patienten, der zur Linderung seiner Beschwerden einer Gehirnoperation unterzogen wurde. Nach der Operation wurden bei H.M. Auffälligkeiten seines Gedächtnisses festgestellt. Er zeigte Fortschritte bei der Bewältigung motorischer Lernaufgaben, ohne dass er sich daran erinnern konnte, die Aufgabe jemals vorher durchgeführt zu haben (vgl. Kolb & Wishaw, 1996, S. 301-306). Die Operation führte also zur Störung bewusster Erinnerung an frühere Erfahrungen, während ein unbewusstes Gedächtnis für die motorische Lernaufgabe anscheinend intakt war. Dies führte zu zwei, hier sehr vereinfacht formulierten Schlüssen: a) Es gibt zwei unterschiedliche Gedächtnisformen, das implizite (unbewusste) und das explizite (bewusste) Gedächtnis, b) Das implizite Gedächtnis ist an motorischen Lernvorgängen beteiligt. Letztlich ist die Bedeutung des impliziten und des expliziten Gedächtnisses für das sportmotorische Lernen noch nicht geklärt (vgl. Wiemeyer, 1997, S. 9-29).

Neben der Differenzierung in implizit und explizit existieren weitere Vorstellungen der Zweiteilung des Gedächtnisses, bei denen andere Begriffe verwendet werden, z. B. episodisch und semantisch sowie prozedural und deklarativ. Die Bedeutung dieser Kategorien und ihre Beziehungen zum impliziten bzw. expliziten Gedächtnis werden jedoch sehr unterschiedlich verstanden.

4.2.3 Anatomische und neurophysiologische Grundlagen

Grundsätzlich können alle an der motorischen Kontrolle beteiligten Teile des Nervensystems motorische Gedächtnisaufgaben übernehmen. Dem Gehirn wird jedoch die wichtigste Rolle zugeschrieben.

Das Nervensystem wird in zentrale und periphere Komponenten eingeteilt (zentrales Nervensystem, ZNS und peripheres Nervensystem, PNS). Das ZNS besteht aus Gehirn und Rückenmark, das PNS aus den Ganglien (Nervenknoten) und den peripheren Nerven (Jessel, 1996, S. 74).

Es wird davon ausgegangen, dass Lernen in jedem Teil des Nervensystems möglich ist, in dem aufgabenrelevante Information verarbeitet wird. Dies bedeutet, dass alle an der motorischen Kontrolle beteiligten Teile des Nervensystems motorische Gedächtnisaufgaben übernehmen können (Kolb & Wishaw, 1996, S. 307; Kupfermann & Kandel, 1996, S. 684).

Das implizite und das explizite Gedächtnis werden verschiedenen neuroanatomischen Strukturen des Gehirns zugeordnet. Explizite Gedächtnisprozesse werden von erhöhter Aktivität der temporalen Hirnrinde und des Hippocampus begleitet, implizite Gedächtnisprozesse von erhöhter Aktivität der motorischen Zentren der Großhirnrinde, des Kleinhirns und der Basalganglien (Konczak, 2002, S. 673).

Veränderungen der Neurone des Nervensystems bilden die neurophysiologische Grundlage aller Gedächtnisprozesse.

Allgemein besteht jedes Neuron aus einem Zellkörper (Soma) und kann über Fortsätze (Axon und Dendriten) mit anderweitigen Zellen, z. B. Muskelzellen, sowie anderen Neuronen verbunden sein.

Das menschliche Gehirn umfasst ca. 25 Milliarden Neurone (Nervenzellen). Seine Neurone sind zu neuronalen Schaltkreisen verbunden, in denen Erregungssalven kreisen. Der Gedächtnisinhalt (Engramm) wird vom Ort des neuronalen Schaltkreises, d. h. den beteiligten Neuronen und von Frequenz- und Rhythmuseigenschaften der Erregungssalven bestimmt. Lernen führt zu Veränderungen der neuronalen Schaltkreise. Diese Veränderungen können durch Modifikationen der Signalübertragung zwischen den Neuronen sowie in einer Ausbildung neuer Verbindungen entstehen (vgl. Kandel, 1996, S. 686-695).

4.3 Theoretische Ansätze des motorischen Lernens

Seit vielen Jahren bemühen sich die einschlägigen Wissenschaftsdisziplinen, den Prozess des Lernens im Allgemeinen und den des motorischen Lernens im Besonderen zu verstehen. Dies ist bislang nicht vollständig gelungen. Es gibt keine übergreifende Theorie, die allen verschiedenen Facetten des menschlichen Lernens oder auch nur des motorischen menschlichen Lernens vollständig gerecht wird. So ist es notwendig, verschiedene Theorien kennen zu lernen, die unterschiedliche Geltungsbereiche abdecken und deshalb für verschiedene sportpraktische Anwendungssituationen nutzbar sein könnten. Für ein besseres Verständnis ist es auch hilfreich, einen kleinen Einstieg in die historische Entwicklung motorischer Lerntheorien zu erhalten.

Klassisches und operantes Konditionieren gehören zu den behavioristischen Lerntheorien. Der Behaviorismus ist eine psychologische Forschungsrichtung des frühen und mittleren 20. Jahrhunderts. Mensch und Tier werden als eher passiv auf einen äußeren Reiz (Stimulus) reagierend („response") verstanden. Daraus resultieren auch die Bezeichnungen „Reiz-Reaktions-Theorie", „Stimulus-Reaktions-" bzw. „stimulus-response"-Theorie" (S-R-Theorie).

Seit den 60er Jahren des letzten Jahrhunderts, der „kognitiven Wende" in der Psychologie, wurde Lernen als eher aktiv und selbstbestimmt aufgefasst, und es entstanden alternative Ansätze. Einer der am weitesten verbreitete ist der Informationsverarbeitungs-Ansatz. Trotzdem behalten die Aussagen des klassischen und operanten Konditionierens grundsätzlich ihre Gültigkeit. Der Streit zwischen Behavioristen und Kognitivisten hat sich dadurch relativiert, dass die Unterscheidung des impliziten und expliziten Gedächtnisses gelang. Klassisches und operantes Konditionieren werden dem impliziten Gedächtnis zugeschrieben.

Auf weitere theoretische Ansätze zum motorischen Lernen soll in diesem Buch nicht eingegangen werden. Das Modell-

Psy lernen, ein wichtiger Ansatz im Zusammenhang mit der für das sportmotorische Lernen so typischen Situation des Vormachens und Nachmachens, wird in den „Grundlagen der Sportpsychologie" behandelt. Die verschiedenen Facetten, die zum motorischen Lernen aus dem systemdynamischen Ansatz entstanden sind, gehen über den hier gesteckten Rahmen hinaus.

4.3.1 Behavioristische Lerntheorien: Klassisches und operantes Konditionieren

Beim klassischen Konditionieren wird eine angeborene Reaktion auf einen bestimmten Reiz mit einem anderen Reiz gekoppelt.

Das klassische Konditionieren geht auf Pawlow (1849-1936) zurück. In seinem berühmtesten Experiment offerierte er einem Hund Futter (unkonditionierter Stimulus). Der Hund reagierte mit erhöhtem Speichelfluss (unkonditionierte Reaktion). Auf das Klingeln eines Glöckchens (neutraler Stimulus) reagierte der Hund mit dem Aufstellen seiner Ohren (Orientierungsreaktion). Nun wird das Offerieren des Futters mit dem Klingeln des Glöckchens verbunden. Nach häufigem Wiederholen dieser Stimulus-Kombination reagierte der Hund auch dann mit erhöhtem Speichelfluss (konditionierte Reaktion), wenn nur das Glöckchen klingelte (kondi-

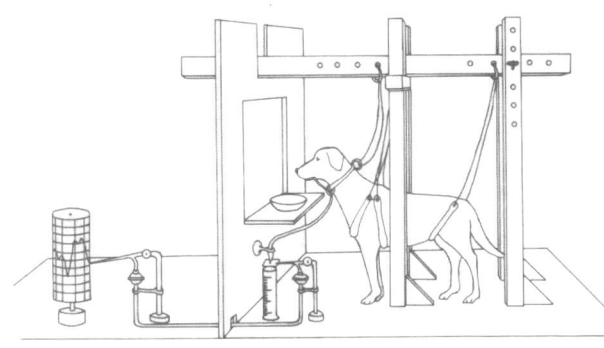

Abb. 53. Eine Versuchsanordnung nach Pawlow zur klassischen Konditionierung (Spada, Ernst & Ketterer, 1992, S. 328)

tionierter Stimulus), ohne dass Futter offeriert wurde (Pawlow, 1927) (s. Abb. 53).

Dass die klassische Konditionierung nicht nur auf Reflexen beruht, zeigt das berühmt-berüchtigte und in der Psychologie heftig umstrittene Experiment mit dem kleinen Albert (konditionierte Emotion, Watson & Rayner, 1920, zitiert nach Spada, Ernst & Ketterer, 1992, S. 330-331): Der ca. einjährige Albert wird mit dem Geräusch des Hämmerns auf einen Stahlstab konfrontiert (unkonditionierter Stimulus) und zeigt erwartungsgemäß eine Schreck-/Angstreaktion (unkonditionierte Reaktion). Seine ursprüngliche Reaktion auf das Zeigen einer weißen Ratte (neutraler Stimulus) war Interesse und Zutraulichkeit (Orientierungsreaktion). Nachdem ein paar Mal das Zeigen der weißen Ratte mit dem Hämmern auf einen Stahlstab kombiniert wurde, wendete sich Albert schon bei dem jetzt alleinigen Zeigen der Ratte (konditionierter) ab und weinte (konditionierte Reaktion).

Beim operanten Konditionieren wird ein bestimmtes Verhalten durch die Kopplung mit angenehmen oder unangenehmen Reizen gefördert oder unterdrückt.

Das operante Konditionieren, teilweise mit geringen Bedeutungsunterschieden auch instrumentelles Konditionieren genannt, geht auf Thorndike (1874-1949) und Skinner (1904-1988) zurück. Eine typische tierexperimentelle Untersuchung wird in einer so genannten Skinner-Box durchgeführt (s. Abb. 54). Eine Ratte sitzt in einem Käfig, der mit einem Hebel zur Bedienung der Futterklappe, einer über dem Hebel angebrachten Lampe und einem metallenen Bodengitter ausgestattet ist.

In einer ersten Phase des operanten Konditionierens wird die Ratte spontan ab und zu den Hebel der Futterklappe

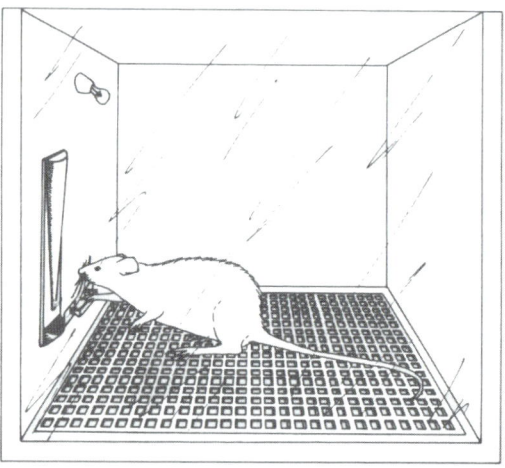

Abb. 54. Eine Skinner-Box zur operanten Konditionierung des Verhaltens von Ratten (modif. nach Spada, Ernst & Ketterer, 1992, S. 332)

bedienen, ohne dass Futter in den Trog gelangt. In dieser Phase wird ermittelt, wie häufig das zu konditionierende Verhalten, hier das Bedienen der Futterklappe, spontan auftritt (Basisrate). In der zweiten Phase wird das zu konditionierende Verhalten durch Verstärkung gezielt beeinflusst. Als positive Verstärkung wird nach jedem Bedienen des Hebels Futter in den Trog gelangen. In dieser Phase wird die Häufigkeit des Hebelbedienens zunehmen. In der dritten Phase wird nach der Hebelbedienung nicht mehr verstärkt. Dies kann zu einer Rückkehr der Verhaltenshäufigkeit bis in den Bereich der Basisrate führen (Löschung). In einer vierten Phase wird die experimentelle Situation unterbrochen und die Ratte aus der Skinner-Box genommen. Wenn sie dann nach einiger Zeit wieder hereingesetzt wird, zeigt die Ratte wieder ein gegenüber der Basisrate modifiziertes Verhalten. Sie bedient den Hebel häufiger und hat erfolgreich ein so genanntes Belohnungstraining absolviert.

Als Fluchttraining wird demgegenüber die Anwendung negativer Verstärkung bezeichnet. Hier wird ein unangenehmer Reiz entfernt, wenn das gewünschte Verhalten auftritt.

Falls nur Futter in den Trog gelangt, wenn während der Hebelbedienung die Lampe brennt, wird die Ratte sich nach einigen Versuchen entsprechend verhalten und den Hebel nur noch dann bedienen, wenn die Lampe brennt (diskriminativer Hinweisreiz, diskriminatives Belohnungstraining).

Soll ein bestimmtes Verhalten der Ratte unterdrückt werden, wird es nicht verstärkt, sondern bestraft. Als Bestrafung wird der Ratte über das metallene Bodengitter ein schmerzhafter Stromschlag versetzt. Es werden die gleichen Phasen der operanten Konditionierung durchlaufen und die Kombination mit diskriminativen Hinweisreizen ist ebenfalls möglich (s. Tab. 12).

Tab. 12. *Klassifikation der Beeinflussung von Verhalten durch operantes Konditionieren (in Anlehnung an Spada, Ernst & Ketterer, 1992, S. 335)*

a: Förderung und Unterdrückung

		Verhalten wird	
		gefördert	unterdrückt
angenehmer Reiz	wird hinzugefügt	positive Verstärkung	----
	wird entfernt	----	Bestrafung Typ 2
unangenehmer Reiz	wird hinzugefügt	----	Bestrafung Typ 1
	wird entfernt	negative Verstärkung	----

b: Förderung in Kombination mit diskriminativen Hinweisreizen

	diskriminativer Hinweisreiz wird	
	nicht gegeben	gegeben
positive Verstärkung	Belohnungstraining	diskriminatives Belohnungstraining
negative Verstärkung	Fluchttraining	aktives Vermeidungstraining

Wenn Sie sich eine schulische Sportsituation vorstellen, in der ein Schüler eine sportliche Bewegung übt und vom Sportlehrer nach der Bewegungsausführung entweder gelobt oder getadelt wird, liegt die typische Situation des operanten Konditionierens vor. Auch wenn der Sportlehrer dies gar nicht bezweckt, wird er durch sein Verhalten dem Schüler gegenüber (loben, bestätigen oder kritisieren, bemängeln bzw. nicht beachten, übersehen) das Verhalten des Schülers mehr oder weniger fördern oder unterdrücken.

Die hier sehr vereinfacht dargestellten behavioristischen Überlegungen zum Lernen wurden durch eine Vielzahl von experimentellen Untersuchungen weiterentwickelt. Eine dieser Weiterentwicklungen bestand in der Annahme, dass motorisches Lernen durch das Lernen so genannter Reiz-Reaktionsketten („S-R-chaining") erklärt werden kann. Ein Beispiel von Roth (1988, S. 159-160) zeigt mit dem Wegschlagen eines Gymnastikballes, wie die Elemente der Gesamtbewegung als Reiz-Reaktions-Sequenzen zusammenhängen könnten. Die sensorischen Rückmeldungen über den Abschluss der n-ten Teilbewegung wirken als Stimulus n+1 und leiten damit die nächste Reiz-Reaktions-Sequenzen ein (s. Abb. 55). Einer der bedeutendsten Vertreter dieser Richtung war Hull (1943; 1952).

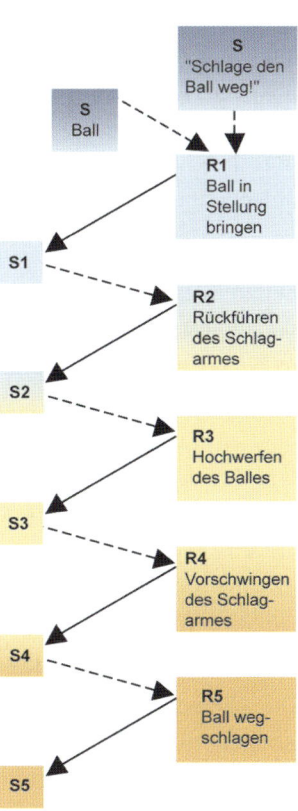

Abb. 55. Reiz-Reaktionskette für das Wegschlagen eines Gymnastikballes (modif. nach Roth, 1988, S. 160)

161

4.3.2 Lerntheorien des Informationsverarbei-tungs-Ansatzes: Die „closed loop"-Theorie und die Schema-Theorie

Die „closed loop"-Theorie des motorischen Lernens von Adams (1971) und die Schema-Theorie des Lernens diskreter motorischer Fertigkeiten von Schmidt (1975) werden dem Informationsverarbeitungs-Ansatz zugeordnet. Dies ist einer der kognitivistischen Ansätze, die den Behaviorismus ablösten. Es wird angenommen, dass der Mensch in einem aktiven Prozess Information aufnimmt und sie verarbeitet.

4.3.2.1 Die „closed loop"-Theorie motorischen Lernens von Adams

3.3.1

In den 50er und 60er Jahren des 20. Jahrhunderts entstanden die ersten „closed loop"-Modelle der motorischen Kontrolle und es wuchs das Interesse an den Prozessen der Informationsverarbeitung. Aus der Perspektive dieser Richtung ist das operante Konditionieren ein „open loop"-System: Reicht die Verstärkung aus, tritt das gewünschte Verhalten auf, sonst nicht. Bei Reiz-Reaktionsketten werden die sensorischen Reize nur als Auslöser für die folgende Reaktion verstanden. Sie haben keine kontrollierende Funktion, wie das in „closed loop"-Systemen der Fall ist. Die Reiz-Reaktionskette ist nicht korrigierbar.

Die „closed loop"-Theorie motorischen Lernens von Jack A. Adams (1971) ist eine Reaktion auf angenommene Defizite der behavioristischen Lerntheorien: die Vernachlässigung der Bedeutung sensorischer Reize während der Bewegungsausführung und der Ergebnisrückmeldungen für den Lernprozess.

Die „closed loop"-Theorie motorischen Lernens von Adams geht von zwei Arten des motorischen Gedächtnisses aus: der Wahrnehmungs-Spur („perceptual trace") und der Gedächtnis-Spur („memory trace").

Adams bezog sich bei der Formulierung seiner Theorie auf Ergebnisse experimenteller Untersuchungen mit langsamen linearen Positionierungsaufgaben. Bei diesen Aufgaben sollten Versuchspersonen z. B. einen Griff von einer Ausgangsposition geradlinig zu einer bestimmten Endposition bewegen. Er nahm zwei motorische Gedächtnisarten an, mit denen diese Bewegung gespeichert und gelernt wird. Die Wahrnehmungs-Spur („perceptual trace") für die sensorische Information, die auf der Bewegungsausführung beruht, und die Gedächtnis-Spur („memory trace") für das Auslösen der Bewegung.

Die Wahrnehmungs-Spur („perceptual trace") beinhaltet die sensorischen Konsequenzen der Bewegungen.

Die während der Bewegungsausführungen einlaufenden Rückmeldungen sensorischer Systeme (Reafferenzen) werden als Wahrnehmungs-Spur im Gedächtnis gespeichert. *3.3.2* Sie besteht aus den einzelnen sensorischen „Spuren" der ausgeführten Bewegungsversuche. Die Wahrnehmungs-Spur regelt eine anschließend ausgeführte Bewegung, in dem sie bei einer Abweichung von den gespeicherten sensorischen Konsequenzen für eine Korrektur sorgt. Für lineare Positionierungsaufgaben bedeutet dies vor allem, dass die sensorischen Konsequenzen beim Erreichen des Zielpunkts gespeichert werden. Eine neue Bewegung wird dann

3.3.1   im Sinne der „closed loop"-Kontrolle entlang der Wahrnehmungs-Spur ausgeführt, bis die aktuellen sensorischen Konsequenzen der Wahrnehmungs-Spur entsprechen und der
Zielpunkt erreicht ist.

Die Gedächtnis-Spur („memory trace") ist ein motorisches Programm zur Auslösung der Bewegung und zur Steuerung des
ersten Teils der Bewegung.

Da zu Beginn einer Bewegung noch keine sensorischen
Konsequenzen vorliegen, kann die Bewegung hier noch
nicht durch die Wahrnehmungs-Spur kontrolliert werden. Es
ist eine Instanz notwendig, die ohne das Vorhandensein
sensorischer Konsequenzen in der Lage ist, die Art der
Bewegung festzulegen und ihren ersten Teil zu steuern.
Dies ist notwendig bis zum ausreichenden Vorliegen sensorischer Konsequenzen und der Übernahme der Kontrolle
durch die Wahrnehmungs-Spur. Adams macht hierfür ein
3.3.3   einfaches motorisches Programm verantwortlich.

Nach der „closed loop"-Theorie des motorischen Lernens von
Adams ist motorisches Lernen abhängig von KR („knowledge of
results") und Übung. Es führt zu einer Präzisierung und Stabilisierung der Wahrnehmungs- und der Gedächtnis-Spur.

Jede Bewegungsausführung einer linearen Positionierungsaufgabe hinterlässt im Gedächtnis eine Spur der sensorischen Konsequenzen. Mehrere dieser Spuren bilden die
Wahrnehmungsspur. Wenn die Bewegung in einem frühen
Lernstadium fehlerhaft geübt wird, Adams nennt dieses Stadium „verbal motor stage", und den Übenden KR gegeben
wird, muss der Lernende die Relation von Wahrnehmungs-

Spur und KR heranziehen, um beim nächsten Übungsversuch nicht die gleichen Fehler zu wiederholen. Durch weiteres Üben verringert sich die über KR mitgeteilte Fehlergröße und -häufigkeit. Die Wahrnehmungs-Spur entspricht weitgehend der korrekten Bewegungsausführung. Wenn in diesem Stadium – Adams nennt es „motor stage" – weitere Versuche mit KR entlang der korrekten Wahrnehmungs-Spur durchgeführt werden, wird sie weiter präzisiert und stabilisiert. Die Bewegung wird deshalb mit zunehmender Übung unter KR-Bedingungen tendenziell geringere Fehler aufweisen.

Auch die Gedächtnis-Spur wird durch Üben und KR verbessert.

Eine wesentliche praktische Konsequenz aus der Theorie von Adams ist die Erkenntnis, dass Bewegungslernen bei langsamen Positionierungsaufgaben Wahrnehmungslernen ist.

Beim alpinen Skilauf ist die richtige Haltung des Körpers auf dem Ski ein wichtiges Ziel. Da sich mit fast jedem neuen Skilehrplan die Beschreibungen der Zieltechniken ändern, ohne dass dies in den meisten Fällen biomechanisch oder lerntheoretisch begründet wird, kann nicht vorhergesagt werden, welche Körperhaltung zu dem Zeitpunkt gefordert wird, zu dem Sie dieses Buch lesen. Für unser Beispiel ist dies auch nicht wichtig.

Gehen wir davon aus, dass eine so genannte Mittellage eingenommen werden soll. Mittellage bedeutet, dass sich die senkrechte Projektion des KSP im Bereich der Skischuhe befindet und dass Fußgelenke, Knie und Hüfte auf ein bestimmtes Maß gebeugt werden. Es sollen also durch verschiedene Gelenkbewegungen bestimmte Positionen der Gliedmaßen erreicht werden. Das Einnehmen der korrekten Mittellage wird dem Skischüler ohne KR nur schwer gelin-

gen, da er über seine eigenen sensorischen Systeme die Haltung nur schlecht kontrollieren kann: Er kann sich selbst nur aus einer ungeeigneten Perspektive beobachten (wenn überhaupt), das auditive System bringt ihm kaum geeignete Information für diese Aufgabe und die natürlich vorhandene propriozeptive Information kann er nicht richtig interpretieren. Es dreht sich also darum, wie mit Hilfe von KR die propriozeptiven Rückmeldungen richtig interpretiert werden. KR kann in Form verbaler Hinweise des Skilehrers, in Form einer Videoaufnahme des Schülers o. Ä. gegeben werden. Nur wenn der Schüler auf eine dieser Weisen gelernt hat, wie es sich anfühlt, wenn er die richtige Haltung einnimmt, wird er diese Haltung auch ohne KR reproduzieren können. Dies soll nicht als Beleg für die Theorie von Adams gelten. Dieser Lernprozess kann modifiziert auch mit Hilfe der

4.3.2.2   *Schema-Theorie erklärt werden.*

Einige der wesentlichen Kritikpunkte an der „closed loop"-Theorie motorischen Lernens von Adams sind der eingeschränkte Geltungsbereich, die Annahmen zur Ausbildung der Wahrnehmungs-Spur sowie das Speicher- und das Neuigkeitsproblem.

Schmidt (1975, S. 227-230) nennt aus damaliger Perspektive neben positiven Bewertungen zur „closed loop"-Theorie motorischen Lernens von Adams mehrere Kritikpunkte, von denen die Wesentlichen hier erläutert werden.

Der eingeschränkte Geltungsbereich: Die Theorie bezieht sich auf langsame Positionierungsaufgaben und damit auf einen sehr kleinen Teil menschlichen Bewegungs-Repertoires.

Die Annahmen zur Entwicklung der Wahrnehmungs-Spur betonen die Notwendigkeit der Ausführung der richtigen Bewegung zur Ausbildung der Wahrnehmungs-Spur. Eine experimentelle Untersuchung von Williams und Rodney (1978) zeigte jedoch gegenteilige Ergebnisse. Versuchspersonen, die Bewegungen zu zufällig angeordneten Zielpunkten übten, konnten danach eine lineare Positionierungsaufgabe besser ausführen als Versuchspersonen, die Bewegungen genau zu diesem Zielpunkt übten. Die zufällig angeordneten Zielpunkte hatten das hinterher zu treffende Ziel im Mittelpunkt. Diese Bewegung wurde aber nie geübt. Deshalb widersprechen diese Ergebnisse der Theorie von Adams, nach der genau das Gegenteil zutreffen sollte.

Das Speicher- und das Neuigkeitsproblem wurden schon in Bezug auf motorische Programme erläutert. Die genannten Argumente lassen sich direkt auf die beiden Gedächtnisinstanzen, die Adams in seiner Theorie annimmt, anwenden.

3.3.3

4.3.2.2 Die Schema-Theorie

Die Schema-Theorie zum Lernen diskreter motorischer Fertigkeiten wurde von Richard A. Schmidt 1975 als Weiterentwicklung der Theorie von Adams veröffentlicht. Mit der neuen Theorie versuchte Schmidt, die Kritikpunkte an Adams' Theorie zu beheben. Er erweitert den Geltungsbereich um schnelle Bewegungen, deren Dauer zu kurz ist, um „closed loop"-Kontrollprozesse greifen zu lassen und die deshalb „open loop"-kontrolliert werden müssen. Er umgeht die Annahmen zur Ausbildung der Wahrnehmungs-Spur sowie das Speicher- und Neuigkeitsproblem, indem er annimmt, dass im Gedächtnis nicht einzelne Spuren und Programme für jede Bewegung, sondern verallgemeinerte Regeln (Schemata) gespeichert werden. „Diskrete" motorische Fertigkeiten meint, dass ein definierter Bewegungsanfang und ein definiertes Bewegungsende vorliegen.

Schmidts Schema-Theorie ist die mit Abstand am meisten beachtete Theorie zum motorischen Lernen der letzten Jahrzehnte. Die Original-Veröffentlichung ist von Kaul und Zimmermann (Schmidt, 1990) ins Deutsche übersetzt worden. Die Theorie wird hier in vereinfachter Form vorgestellt.

www4322

Schmidts Schema-Theorie geht von zwei Arten des motorischen Gedächtnisses aus: dem Erinnerungs-Schema („recall schema") und dem Wiedererkennungs-Schema („recognition schema").

In der Schema-Theorie werden sowohl „closed loop"- als auch „open loop"-kontrollierte Bewegungen oder Bewegungsteile behandelt. Das Erinnerungs-Schema ist für die „open loop"-Anteile und das Wiedererkennungs-Schema für die „closed loop"-Anteile zuständig. Beide Gedächtnisarten sind nicht völlig unabhängig voneinander. Sie hängen teilweise von gemeinsamen Variablen ab.

Der Schema-Begriff ist keine Erfindung von Schmidt. Er bezieht sich unter anderem auf Bartlett (1932) und versteht ein Schema vereinfacht als eine Reihe von Regeln für einen bestimmten Prozess.

Schmidt (1975, S. 233) wählt das Beispiel des Erkennen eines Hundes zur Erläuterung seines Schema-Verständnisses: Um einen bestimmten Hund als Hund (und nicht als Katze) wieder zu erkennen, muss ich nicht genau die visuellen Reize dieses Hundes abgespeichert haben, sondern nur Regeln, wie visuelle Reize, die Hund bedeuten, auszusehen haben.

Das Erinnerungs-Schema („recall schema") basiert auf einem generalisierten motorischen Programm (GMP) und beinhaltet Regeln über die Beziehung der Anfangsbedingungen, der GMP-Parameter und der Bewegungsergebnisse.

Die Konzeption des Erinnerungs-Schemas („recall schema") basiert auf der GMP-Theorie. Das Erinnerungs-Schema ist zuständig für schnelle Bewegungen oder Bewegungsteile, deren Dauer zu kurz ist, als dass sensorische Rückmeldungen bewegungskorrigierend wirken können. Es ist also für „open loop"-kontrollierte Bewegungen oder Bewegungsteile zuständig.

3.3.4

Wird eine Bewegung geübt, und ist das entsprechende GMP bereitgestellt, werden unter den gegebenen Anfangsbedingungen („initial conditions") der Bewegungsausführung die passenden Parameter ausgewählt, um ein bestimmtes Bewegungsergebnis („movement outcome") zu erzielen. Nach der Bewegungsausführung erhält der Übende KR. Da das erzielte Bewegungsergebnis zu Beginn eines motorischen Lernprozesses selten dem angestrebten Ergebnis entspricht, werden bei den folgenden Übungsversuchen mit KR andere Parametrisierungen des GMP angewendet. Nach einer Reihe solcher Versuche liegen für einen Parameter, z. B. absolute Kraft, unter den gegebenen Anfangsbedingungen so viele Datenpaare wie Ausführungsversuche vor. Diese Datenpaare bestehen jeweils aus der gewählten Parameterausprägung, z. B. mehr oder weniger absolute Kraft, und dem produzierten Ergebnis, vereinfacht z. B. der Wurfweite bei einer Wurfbewegung. Im Erinnerungs-Schema wird jetzt die Regel gespeichert, die die Beziehung der beiden Größen, z. B. absolute Kraft und Wurfweite, widerspiegelt. Die originalen Datenpaare („individual movements") werden nach der Speicherung der Regel nicht mehr benötigt und nicht gespeichert. Die Regel kann durch die Regressions-Funktion beider Variablen angegeben werden.

Meth In Abb. 56 ist es eine lineare Regression, das ist die Gerade, deren Lage den Positionen der einzelnen Datenpunkte am besten entspricht.

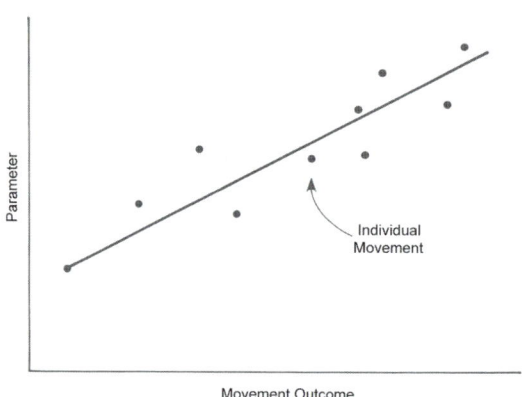

Abb. 56. The hypothetical relationship between movement outcomes in the environment and the parameters that were used to produce them (nach Schmidt, 1982, S. 595)

Bei veränderlichen Anfangsbedingungen müssen die Parameter angepasst werden. Es werden deshalb die veränderlichen Anfangsbedingungen in die Beziehungsregel mit aufgenommen (s. Abb. 57). Die Anfangsbedingungen werden von sensorischen Teilsystemen erfasst.

Ist diese Beziehungsregel im Erinnerungs-Schema ausgebildet, können die passenden GMP-Parameter für anschließend auszuführende schnelle und kurz dauernde Bewegungen je nach gegebenen Anfangsbedingungen und gewünschten Bewegungsergebnissen ausgewählt werden. Mit zunehmender Übung werden die Beziehungsregeln des Erinnerungs-Schemas stabiler und erlauben eine präzisere GMP-Parameterauswahl.

Es kann damit auch erklärt werden, warum bislang noch nie ausgeführte schnelle Bewegungen möglich sind. Es werden eben nicht die Daten einzelner Bewegungsausführungen gespeichert, sondern Beziehungsregeln, aus denen auch neue Konstellationen abgeleitet werden können.

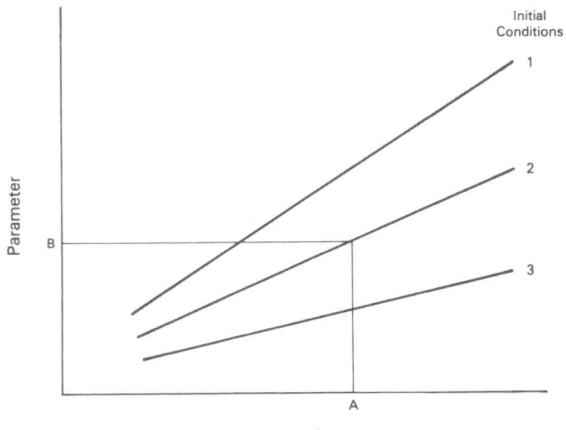

Abb. 57. The hypothetical relationship between movement outcomes in the environment and the parameters that were used to produce them for various initial conditions: the recall schema (nach Schmidt, 1982, S. 595)

Es soll der Standwurf im Basketball geübt werden. Das GMP für diesen Wurf liegt vor, die Zielgenauigkeit ist jedoch noch sehr schlecht. Sie üben mit einem von seiner Masse und seinem Umfang her regelgerechten Basketball (Anfangsbedingungen). Bei konstantem Abflugwinkel und konstanter Abflughöhe des Balles ist die Flugweite nur von der Abfluggeschwindigkeit und damit vom Beschleunigungskraftstoß abhängig. Die beiden GMP-Parameter „overall force" und „overall duration" werden jetzt variiert, um den passenden Beschleunigungskraftstoß zu produzieren. Es wird dann eine Regel für die Beziehung zwischen den Parametern „overall force" und „overall duration" sowie dem Bewegungs-

171

ergebnis für die gegebenen Anfangsbedingungen ausgebildet.

Wird mit Bällen unterschiedlicher Masse geübt, muss diese Größe als veränderliche Anfangsbedingung in die Beziehungsregel aufgenommen werden, da z. B. bei größerer Ballmasse und sonst unveränderten Bedingungen ein größerer Beschleunigungskraftstoß produziert werden muss, um die gleiche Flugweite wie mit einem Ball geringerer Masse zu erreichen. Ein anderes Beispiel veränderlicher Ausgangsbedingungen liegt im Golfsport vor, wenn trainiert wird, eine bestimmte Distanz mit verschiedenen Schlägertypen zu überwinden.

Das Wiedererkennungs-Schema („recognition schema") beinhaltet Regeln über die Beziehung der Anfangsbedingungen, der sensorischen Konsequenzen und der Bewegungsergebnisse.

Auch im Wiedererkennungs-Schema („recognition schema") werden Beziehungsregeln ausgebildet und gespeichert. Neben den Anfangsbedingungen und den Bewegungsergebnissen, die auch schon für die Ausbildung der Beziehungsregeln des Erinnerungs-Schemas herangezogen wurden, sind es hier die sensorischen Konsequenzen der Bewegungsausführung („sensory consequences") (s. Abb. 58). Die sensorischen Konsequenzen können als eine Kopie der durch die Bewegung induzierten afferenten Information verstanden werden.

Ist die Beziehungsregel im Wiedererkennungs-Schema ausgebildet, können zu erwartende sensorische Konsequenzen für anschließend auszuführende Bewegungen je nach gegebenen Anfangsbedingungen und gewünschten Bewegungsergebnissen abgeleitet werden. Langsame Bewegungen können dann entlang dieser für die richtige Bewegungsaus-

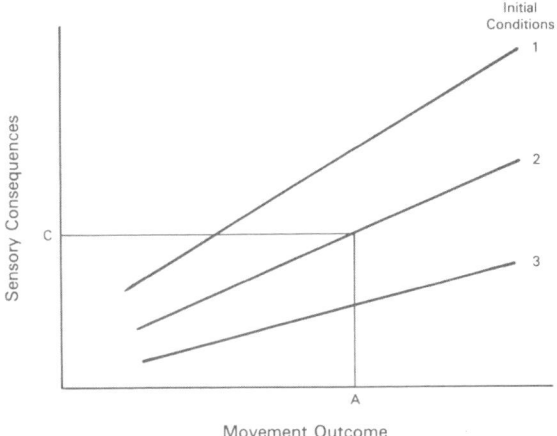

Abb. 58. The hypothetical relationship between outcomes in the environent and the sensory consequences produced for them by various initial conditions: the recognition schema (nach Schmidt, 1982, S. 596)

führung zu erwartenden sensorischen Konsequenzen aus-geführt werden. Mit zunehmender Übung werden die Bezie-hungsregeln des Wiedererkennungs-Schemas stabiler und erlauben eine genauere Vorhersage der zu erwartenden sensorischen Konsequenzen.

Die erwarteten sensorischen Konsequenzen können in ihrer Funktion wie die Wahrnehmungs-Spur in der Theorie von Adams verstanden werden. Der Unterschied besteht darin, dass das Wiedererkennungs-Schema keine sensorischen Konsequenzen der richtigen Bewegungsausführung son-dern Beziehungsregeln beinhaltet. Analog zum Erinne-rungs-Schema kann damit auch erklärt werden, warum bis-lang noch nie ausgeführte langsame Bewegungen möglich sind.

173

Es bietet sich an, hier das Beispiel des alpinen Skilaufs wieder aufzugreifen, bei dem es um das Einnehmen der Mittellage geht.

Es wird mit KR geübt, und der Schüler bildet eine Beziehungsregel zwischen

- *den Anfangsbedingungen (Wie ist meine Lage auf den Ski vor Einnehmen der Mittellage? Habe ich einen Rucksack? Stehe ich auf einer ebenen Fläche oder an einem geneigten Hang?),*
- *dem Bewegungsergebnis (korrekte Mittellage? zu stark oder zu wenig gebeugt? zu weit nach vorne oder nach hinten gelehnt?) und*
- *den sensorischen Konsequenzen (v. a. propriozeptiver Information).*

Ist diese Beziehungsregel ausgebildet, kann der Schüler seine Lage auf den Ski entlang der erwarteten sensorischen Konsequenzen regulieren.

Die Schema-Theorie sagt voraus, dass variables Üben monotonem Üben überlegen ist.

4.4.3.1   Monotones bzw. variables Üben meint aus der Sicht der Schema-Theorie konstante bzw. veränderliche Anfangsbedingungen, GMP-Parameter und sensorische Konsequenzen. Wird monoton geübt, wird die Beziehungsregel nur innerhalb eines kleinen Bereichs von Anfangsbedingungen, GMP-Parametern und sensorischen Konsequenzen bestehen. Vereinfacht übertragen auf die Aussage der Abb. 58 hieße dies, dass statt des weiten Bereichs von Bewegungsergebnissen und GMP-Parametern nur eine enge Punktwolke von Datenpaaren vorliegen würde. Die Beziehungsregel ließe unter diesen Bedingungen bei gleicher Anzahl von Übungsversuchen nur eine ungenauere Vorhersage der einzusetzenden GMP-Parameter bei einem gewünschten Bewegungsergebnis zu. Der gleiche Sachverhalt gilt für die erwarteten sensorischen Konsequenzen.

Diese Vorhersage hat eine theoretische und eine praktische Bedeutung. Die theoretische Bedeutung liegt darin, dass mit der Vorhersage der Überlegenheit variablen gegenüber monotonem Üben eine Hypothese zur Prüfung der Schema-Theorie vorliegt. Falls variables Üben monotonem Üben (aus der Sicht der Schema-Theorie, s. o.) nicht überlegen sein sollte, kann daraus geschlossen werden, dass die Schema-Theorie nicht zutrifft. Es wurden mehr als 70 experimentelle Untersuchungen durchgeführt, um diese Hypothese zu prüfen (vgl. zusammenfassend Shapiro & Schmidt, 1982; van Rossum, 1990). Das Ergebnis ist nicht eindeutig. Vieles spricht dafür, dass bei Kindern mit noch wenig ausgeprägten Beziehungsregeln des Erinnerungs- und des Wiedererkennungs-Schemas variables Üben monotonem Üben tatsächlich überlegen ist. Bei Erwachsenen konnte dies experimentell kaum belegt werden.

Meth

Wesentliche Kritikpunkte an der Schema-Theorie betreffen die Annahme der Existenz generalisierter motorischer Programme und die Gewichtung einzelner Übungsversuche für die Veränderung der Beziehungsregeln.

Die Konzeption des Erinnerungs-Schemas baut auf der GMP-Theorie und der „impulse timing"-Hypothese auf. Experimentelle Untersuchungen (Polit & Bizzi, 1978, 1979) zeigen jedoch, dass die GMP-Theorie nicht für alle diskreten motorischen Fertigkeiten Gültigkeit zu besitzen scheint. Für Zeigebewegungen des Armes scheinen eher die Annahmen der Äquilibriums-Punkt-Theorien zuzutreffen. Dies wäre ein

3.3.4

www335c

3.3.5

starkes Gegenargument gegen die Schema-Theorie, zumindest gegen den angenommenen Geltungsbereich.

Die Bedeutung einzelner Übungsversuche für die Veränderung der Beziehungsregeln müsste mit steigender Übungszahl abnehmen, wenn alle Versuche gleich gewichtet wären. Bei zehn Versuchen hätte der letzte Versuch einen Anteil von $^1/_{10}$, bei 1000 Versuchen nur von $^1/_{1000}$. Dies erscheint wenig plausibel und unsere Erfahrung widerspricht dieser Annahme (vgl. van Rossum, 1990, S. 425).

4.3.3 Programm-Lernen

Nach der „Schalthebel-Analogie" werden im Lernprozess schon existierende kleinere motorische Programme zu größeren neuen Programmen zusammengefasst.

Weder die „closed loop"-Theorie noch die Schema-Theorie wollen und können erklären, wie die motorischen Programme, die in unterschiedlicher Weise Bestandteil beider Theorien sind, gelernt werden. Hierzu gibt es einige Vorschläge, von denen die „Schalthebel-Analogie" (Keele, 1976, zitiert nach Schmidt & Lee, 1999, S. 377-378) erläutert werden soll.

Die Analogie geht von einem Fahrschüler aus, der bei seinen ersten Versuchen das Wechseln der Gänge in mehreren Einheiten (Programmen) nacheinander vollziehen wird:
1. *Fuß vom Gaspedal*
2. *Treten des Kupplungspedals*
3. *Schalthebel nach vorn bewegen*
4. *Schalthebel nach rechts bewegen*
5. *Schalthebel nach vorn bewegen*
6. *Fuß vom Kupplungspedal*
7. *Treten des Gaspedals*

Nach einigen Versuchen werden möglicherweise die Pro-
gramme 1. und 2., 3., 4. und 5. sowie 6. und 7. zu größeren
Programmen zusammengefasst und nach vielen weiteren
Versuchen bilden alle Einheiten 1. bis 7. das neue motori-
sche Programm (s. Abb. 59).

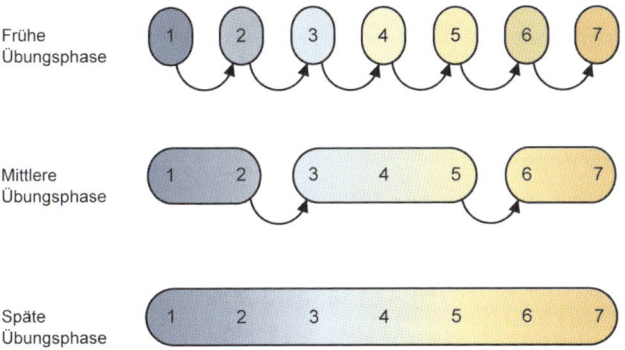

Abb. 59. Die „Schalthebel-Analogie" (modif. nach Schmidt & Lee,
1999, S. 378)

Es stellt sich jetzt wiederum die Frage, wie die zu Beginn
dieses Lernprozesses vorhandenen „kleinen motorischen
Programme" gelernt wurden. Möglicherweise geschieht dies
sehr früh in der Ontogenese (individuelle Entwicklung) durch   *Psy*
die Modifikation von Reflexen, wie z. B. bei den posturalen   *3.2.2.3*
Synergien.

4.3.4 Exkurs: Das Drei-Phasen-Modell von Schnabel

Als drei Phasen des motorischen Lernens werden unterschieden:

- Entwicklung der Grobkoordination
- Entwicklung der Feinkoordination
- Stabilisierung der Feinkoordination und Ausprägung der variablen Verfügbarkeit

3.3.2

Schnabel bezieht die drei Phasen motorischen Lernens auf sein Koordinationsmodell und beschreibt mit seiner Hilfe, wie sich die motorische Kontrolle im Lernprozess verändert. Die Beschreibungen werden hier knapp und vereinfacht widergegeben (vgl. Schnabel, 1998c, S. 160-194).

Die erste Lernphase reicht vom Erfassen der Bewegungsaufgabe bis zum Erreichen des Stadiums der Grobkoordination. Unter günstigen Bedingungen kann die Bewegung ausgeführt werden, unter ungünstigen Bedingungen seltener oder nicht. Die motorische Kontrolle ist durch eine unzureichende Informationsaufnahme und -verarbeitung, vor allem durch das propriozeptive System, gekennzeichnet. Die Programmierung erfolgt unvollkommen.

Die zweite Lernphase reicht vom Stadium der Grobkoordination bis zum Stadium der Feinkoordination. Unter gewohnten Bedingungen kann die neue Bewegung annähernd fehlerfrei und mit guten Leistungen ausgeführt werden. Unter ungewohnten und erschwerten Bedingungen treten Mängel auf. Die Informationsaufnahme und -verarbeitung wird erweitert, vor allem durch die verbesserte Wirksamkeit des propriozeptiven Systems. Die Programmierung wird vervollkommnet.

Die dritte Lernphase reicht vom Stadium der Feinkoordination bis zum Stadium der variablen Verfügbarkeit. In diesem Stadium kann die Bewegung auch unter schwierigen und ungewohnten Bedingungen erfolgreich ausgeführt werden. Die Informationsaufnahme und -verarbeitung wird weiter vervollkommnet.

Beim Drei-Phasen-Modell von Schnabel handelt es sich nicht um eine Theorie zum motorischen Lernen.

Das Modell von Schnabel beruht auf dem morphologischen Drei-Phasen-Modell von Meinel (1960, S. 346-387). Es erhebt nicht den Anspruch im Sinne einer Theorie motorisches Lernen zu erklären. Im Gegenteil, der Stellenwert motorischer Lerntheorien wird für die Bewegungslehre und Sportmotorik als nicht besonders groß angesehen (Schnabel, 1998c, S. 146).

2.2.1

Meth

Das Modell von Schnabel hat vielleicht gerade deshalb an deutschsprachigen sportwissenschaftlichen Lehrinstituten eine starke Verbreitung gefunden, weil der theoretische Anspruch zugunsten der praktischen Verwertbarkeit reduziert wurde. Ob der Weg richtig ist, auf Theorie zugunsten praktischer Aussagen zu verzichten, soll hier nicht diskutiert werden.

4.4 Praktische Gestaltung von motorischen Lernprozessen

Im abschließenden Kapitel wird beschrieben, wie motorische Vermittlungsprozesse vor dem Hintergrund der vorgestellten Theorien gestaltet werden können.

Versetzen Sie sich in die Situation zurück, als Sie lernten, ein Rad zu schlagen. Sehr wahrscheinlich hat Ihnen der Lehrer gezeigt, was zu tun ist. Sie haben versucht, es nachzumachen, es hat nicht funktioniert und Sie wussten nicht so recht, was Sie überhaupt getan haben. Der Lehrer hat Ihnen daraufhin gesagt, was Sie anders machen sollen. Sie haben es erneut versucht ....

Das kurze Beispiel beschreibt eine typische Situation. Der Lernende hat ein Könnensdefizit – er kann kein Rad schlagen. Um das Defizit zu reduzieren, werden Instruktionen *Psy* angeboten – in diesem Fall visuelle. Ein Modell, der Lehrer, macht vor, was zu tun ist, in der Hoffnung, dass das Gesehene in Bewegung umgesetzt werden kann. Nach dem ersten Versuch versucht der Lehrer mit einer verbalen Instruktion auf der Basis der beobachteten Fehler zu helfen. Danach werden die Übungsversuche fortgesetzt.

Zwei wesentliche Elemente des Vermittlungsprozesses sind damit benannt. Es sind die Art und Weise, wie Instruktionen und Rückmeldungen dem Lernenden übermittelt werden sowie die Organisation des Übungsprozesses.

Eine optimale Gestaltung ist natürlich immer von einer Vielzahl von Faktoren und deren Zusammenwirken abhängig, wie durch folgende exemplarische Aussagen verdeutlicht wird.

- *Bei verbalen Bewegungsanweisungen muss eine altersgerechte Sprache gewählt werden.*

- *Kinder lassen sich bei der Betrachtung von Bildern durch unwichtige aber auffällige Details schneller ablenken als Erwachsene.*

- *Lernende, die unter Leistungsdruck stehen, sind oftmals nicht in der Lage, umfangreichen Trainerkommentaren zu folgen.*

- *In einer freiwillig aufgesuchten Lernsituation fordern die Lernenden u.U. andere Information vom Lehrenden als im Sportunterricht.*

Allgemein lassen sich lerner-, lernsituations-, lerngegen- *www44* stands- und lernmedienspezifische Faktoren unterscheiden.

Die kurze Skizzierung verdeutlicht die Komplexität und die gegenseitigen Bedingtheiten des Gesamtgeschehens. Die folgenden Erläuterungen können daher nicht annähernd jede spezifische Faktorenkonstellation berücksichtigen und haben sich zur Aufgabe gemacht, die grundsätzlichen Tendenzen aufzuzeigen.

4.4.1 Grundstruktur motorischer Lernprozesse

Motorische Lernprozesse weisen, unabhängig von der zu erlernenden Bewegung, eine identische Grundstruktur auf, die im Hinblick auf die informationellen und zeitlichen Komponenten anhand der Abb. 60 erläutert wird.

Hat der Lernende keine Vorstellung von der auszuführenden Bewegungstechnik, so wird das Herausbilden einer Bewegungsvorstellung durch Fremdinformation initiiert und unterstützt (1). Beispielsweise kann dem Lernenden eine Bildreihe oder ein Video gezeigt oder die Bewegung verbal beschrieben werden. Auf der Basis der resultierenden Bewegungsvorstellung ist der Lernende anschließend in der Lage, die Bewegung in der gewünschten oder einer abweichenden Form auszuführen (2).

Durch die Bewegungsausführung werden die Rezeptoren der Sinnessysteme gereizt. Afferenzen werden in die zuständigen Verarbeitungszentren des ZNS geleitet und integrativ zur Bewegungswahrnehmung verarbeitet (3). Bei diesem Verarbeitungsprozess werden auch bereits bestehende Gedächtnisinhalte genutzt. Hierzu gehört auch die auf die aktuelle Bewegung bezogene Bewegungsvorstellung. Da dieser Anteil der Bewegungswahrnehmung ohne ergänzende Information durch dritte Personen bzw. Medien zustande kommt, wird auch von Eigeninformation gesprochen.

3.2.2

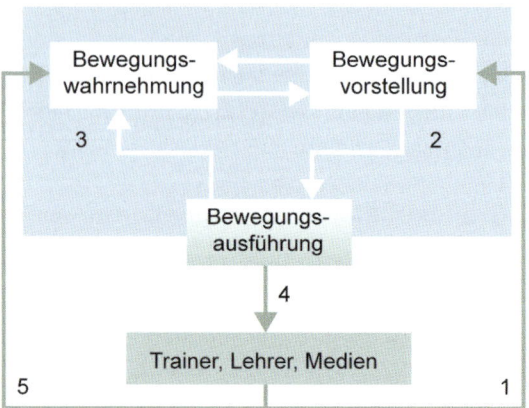

Abb. 60. Grundstruktur motorischer Lernprozesse

Die Bewegungsausführung führt auch bei den Beobachtern zu Wahrnehmungen, bei entsprechend platzierten Messgeräten zu Messergebnissen bzw. zu Video-, Film- oder Fotoaufnahmen (4). Diese Beobachtungen und Ergebnisse können dem Lernenden übermittelt werden. Je nach Zeitpunkt und ausgeführter Bewegung haben sie direkten Einfluss auf die aktuelle Bewegungswahrnehmung (5) und/oder die Bewegungsvorstellung (1). Da diese Information nicht vom Lernenden selbst generiert wird, sondern externe Quellen hat, wird auch von Fremd- oder ergänzender Information gesprochen. Fremdinformation kann entweder die vom Lernenden ebenfalls wahrgenommenen Aspekte unterstützen oder neue Aspekte ergänzen.

Ein Beobachter kann die Wahrnehmung des Lernenden, in welcher Position sich der Arm bei der Bewegung befunden hat, bestätigen.

Ein Beobachter berichtet, dass bei der Lattenüberquerung noch 10 cm Platz zwischen Rücken und Hochsprunglatte war.

Für die Gestaltung des Vermittlungsprozesses sind zwei Bereiche von zentralem Interesse: der Inhalt und die Darstellung von Instruktionen und Rückmeldungen (4.4.2) sowie die organisatorische Gestaltung der Übungsbedingungen (4.4.3).

- *Wie müssen Bildreihen aufbereitet sein, damit die Lernenden in der Lage sind, die visuelle Information in Bewegung umzusetzen (visuo-motorischer Informationsumsatz)?*
- *Unter welchen Bedingungen ist es sinnvoller, Strichfiguren statt Realbilder in Bildreihen einzusetzen?*
- *Eine wievielfache Zeitdehnung ermöglicht es dem Lernenden, wesentliche Aspekte der zu lernenden Bewegung zu erkennen?*
- *Wie oft sollten Instruktionen gegeben werden?*

183

Die exemplarischen Fragen verdeutlichen zweierlei: zum einen, dass die Antworten immer einen sportmotorischen Anteil haben werden, da schließlich Bewegungen gelernt werden sollen. Zum anderen ist erkennbar, dass auch Erkenntnisse aus anderen Wissenschaftsbereichen wie der Gedächtnis-, Wahrnehmungs-, Lern- und Medienpsychologie Erhebliches zur Beantwortung beitragen werden.

4.4.2 Instruktionen und Rückmeldungen

Instruktionen und Rückmeldungen haben für Lernprozesse im Allgemeinen und motorische Lernprozesse im Speziellen eine wesentliche Funktion. Es wird grundsätzlich davon ausgegangen, dass Lernende ein Informationsdefizit haben, welches reduziert werden muss, um einen Lernerfolg zu erreichen.

Instruktionen sind mehr oder weniger detaillierte Anweisungen, die Information darüber transportieren, was bei der Bewegungsausführung getan werden soll (zukunftsorientiert). Instruktionen sollen eine Vorstellung von der auszuführenden Bewegung vermitteln.

Unter Rückmeldungen (Feedback) versteht man Information, die sich auf gelungene und fehlerhafte Aspekte bereits ausgeführter Bewegungen bezieht (vergangenheitsorientiert).

Damit Instruktionen und Rückmeldungen verstanden werden können, müssen sie an den bestehenden Gedächtnisbesitz – das Wissen und Können – der Lernenden anknüpfen, was häufig salopp mit der Metapher „die Lernenden dort abholen, wo sie sind" umschrieben wird.

Die Rückmeldungen vom Trainer (Fremdinformation) sollen den Lernenden unterstützen, die eigenen Wahrnehmungen aus der Bewegungsausführung (Eigeninformation) besser zu verarbeiten (s. Abb. 60). Rückmeldungen können aber auch zu Instruktionen werden, wenn sie eine Aufforderung sind, den benannten Fehler zu vermeiden oder das Gelungene zu wiederholen (s. Abb. 61).

Der Lehrende sieht, dass vor dem Hürdenschritt der Oberkörper zu weit aufgerichtet wurde. Der Fehler wird nicht explizit thematisiert, sondern für die Instruktion: „Versuche, mit dem Oberkörper das Schwungbein zu berühren" genutzt.

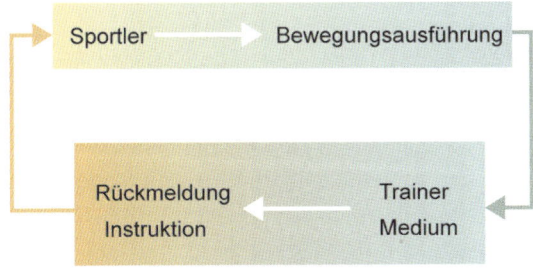

Abb. 61. Zusammenwirken von Instruktionen und Rückmeldungen

Es werden ergebnis- und verlaufsorientierte Rückmeldungen unterschieden.

Die ergebnisorientierte Rückmeldung („knowledge of results", KR) gibt Auskunft über die Abweichungen vom gewünschten End- oder Teilergebnis. *4.3.2.1*
Die verlaufsorientierte Rückmeldung („knowledge of performance", KP) thematisiert den Bewegungsverlauf, also Prozessaspekte, die zu dem Bewegungsergebnis geführt haben.

Beispiele für ergebnisorientierte Rückmeldungen sind, dass der Absprungbalken um 4 cm verfehlt, eine Sprungweite von 5,05 m erreicht wurde oder das Bewegungsergebnis gut war.

Beispiele für verlaufsorientierte Rückmeldungen sind das Zeigen einer Videoaufnahme, aber auch die verbale Beschreibung der Bewegungsbahn eines Körperteils.

Instruktionen und Rückmeldungen sind nicht grundsätzlich positiv für einen Lernprozess. Sie können sich auch negativ auswirken, wenn sie redundant oder irreführend sind. Bei ständiger Verfügbarkeit besteht auch die Gefahr, dass sich der Lernende nur auf die Rückmeldungen verlässt, ohne eigenständig herauszufinden, was richtig oder falsch an der Bewegung war, d. h. das Herausbilden des Fehlererken-

www4322   nungsmechanismusses wird vernachlässigt.

Um zu Aussagen zu gelangen, unter welchen Umständen positive Effekte von Fremdinformation zu erwarten sind, werden jetzt vertiefend einige lernsituations-, lerngegenstands- und lernmedienspezifische Aspekte aufgegriffen (Literatur zu Lernmedien u. a. Weidenmann, 1993; Rockmann, 1999; Rockmann & Thielke, 2000, 2002; Rockmann, Thielke & Seyda, 2003).

4.4.2.1 Informationsinhalt

Eine zentrale Entscheidung bei der Gestaltung von Instruktions- und Rückmeldeprozessen ist, welche quantitativen und

2.1.2   qualitativen Beschreibungsgrößen der Bewegung für die Rückmeldungen bzw. Instruktionen genutzt werden. Bei der Auswahl spielen lernerunabhängige und lernerabhängige Faktoren eine Rolle, so das Wissen um die Bedeutung der einzelnen Größen für die Bewegungsleistung und das Wissen über den Könnensstand der Lernenden.

Beim Weitsprung kann z. B. die Anlaufgeschwindigkeit, der Abflugwinkel, die letzten drei Schritte, die Kontaktzeit auf dem Absprungbalken, die Körperhaltung beim Landeanflug

etc. als Instruktions- oder Rückmeldungsinhalt ausgewählt werden.

Soll die Fremdinformation möglichst umgehend nach dem Bewegungsende erfolgen und auf der aktuellen Bewegungsausführung basieren, so muss die schnelle zeitliche Verfügbarkeit der Größen gewährleistet sein.

4.4.2.3

Die Kontaktzeit auf dem Absprungbalken ist sofort nach dem Absprung verfügbar, wenn z. B. eine dynamographische Messplatte in den Boden eingelassen ist, die die Berührungszeit misst. Die Anlaufzeit ist ohne großen technischen Aufwand sofort verfügbar, sie kann mit der Stoppuhr gemessen werden.

Mit der Entscheidung, welcher Inhalt thematisiert werden soll, ist jedoch noch nicht geklärt, wie dieser am besten „an den Lernenden gebracht" werden kann. Kann der Inhalt 1:1 genutzt oder muss er zuvor transformiert werden? Sind die Größen, die die Bewegungsleistung beschreiben, auch die geeigneten Instruktions- bzw. Rückmeldungsgrößen, die vom Lernenden verstanden und in eine veränderte Bewegungsausführung umgesetzt werden können?

www4421

Beim Weitsprung soll der Abflugwinkel Informationsinhalt sein. Der Lehrer beobachtet, dass der Winkel zu klein ist. Er stellt einen kleinen Kasten zwischen Absprungbalken und Grube. In diesem Fall wird der Instruktionsinhalt – einen größeren Winkel zu erreichen – in eine Gerätehilfe transformiert.

Welche Transformationen für qualitative und quantitative Beschreibungsgrößen sinnvoll sind, kann aufgrund der Vielfalt der Möglichkeiten nicht im Allgemeinen beantwortet werden. Die richtige Wahl ist auch von der Erfahrung der Lehrenden, ihrer Kenntnis über die Lernenden und die individuellen Vorerfahrungen der Lernenden abhängig.

Werden quantitative Angaben verwendet, so stellt sich die Frage, mit welcher Präzision die Größen übermittelt werden sollen. Die Präzision ist neben der Messgenauigkeit, mit der die Größe überhaupt ermittelt werden kann, von der tatsächlichen Ansteuerbarkeit abhängig. Fingerbewegungen können z. B. auf Millimeter genau angesteuert werden, während die Beinmuskulatur zu solchen Präzisionsleistungen nicht in der Lage ist (Birbaumer & Schmidt, 1991, S. 278).

Die Präzision der Fremdinformation sollte nicht größer als die Ansteuerbarkeit sein, damit dem Lernenden nichts Unmögliches suggeriert wird.

4.4.2.2 Informationsübermittlung

Nach der Auswahl des Informationsinhalts ist zu entscheiden, über welche Sinnessysteme und in welcher Kodierungsform die Information dem Lernenden übermittelt werden sollen.

Information kann über die verschiedenen Sinnessysteme einzeln (unimodal) und ihre Kombinationen (multimodal) aufgenommen und verarbeitet werden.

Für die hier behandelte Thematik – das Bewegungslernen – sind die visuelle, akustische, taktile, kinästhetische und/oder vestibuläre Modalität von Bedeutung.

Wenn beispielsweise der Trainer dem Athleten die richtige Armposition beim Abwurf zeigen möchte und den Arm in die entsprechende Position bewegt, ergibt sich für den Lernenden eine Kombination von taktiler (erzeugt durch die Berührung des Armes), kinästhetischer (erzeugt durch die passive Bewegung) und vestibulärer Information (erzeugt durch die Gesamtbewegung des Körpers und Kopfes zum Ausgleich der KSP-Verlagerung).

Für die visuelle und akustische Informationsübermittlung können unterschiedliche Kodierungsformen und ihre Kombinationen gewählt werden (uni- bzw. multicodal).

Visuelle Information lässt sich als Text und Bild kodieren.

Akustische Information wird durch verschiedenartig strukturierte Töne kodiert (z. B. gesprochener Text, Musik, Geräusche, Einzeltöne).

Aus diesen Kodierungen setzen sich alle anderen Formen zusammen. So sind Videos nichts weiter als schnell hintereinander gezeigte Bilder (dynamisierte Bilder), wobei sich die Struktureigenschaften von Bild zu Bild verändern.

Zentral für das Wirksamwerden der Information ist die Möglichkeit des Adressaten, sie zu entschlüsseln und zu verarbeiten.

- *Eine noch so korrekte Bewegungsanweisung ist sinnlos, wenn die (Fremd-/Fach-)Sprache, in der sie verfasst ist, nicht verständlich ist, d. h. die Information noch nicht einmal entschlüsselt werden kann.*

- *Bei einer Videoaufnahme, die in normaler Geschwindigkeit gezeigt wird, kann der Beobachter nicht erkennen, ob es sich um einen drei- oder vierfachen Salto mit ein- oder zweifacher Schraube gehandelt hat.*

Die Kodierung der Information muss an das Wissen und Können des Adressaten und an die Aufnahme- und Verarbeitungsmöglichkeiten seiner Sinnessysteme angepasst sein.

Im Folgenden werden exemplarisch einige Kodierungsformen näher betrachtet. Häufig zum Einsatz kommen Bilder, sowohl in dynamischer als auch statischer Form.

Beispiele hierfür sind das Vormachen, das Zeigen eines Videos der soeben ausgeführten Bewegung oder das Hin-

Psy weisen auf eine bestimmte Körperhaltung anhand eines Bildes. Diese Vorgehensweisen werden als Lernen am Modell bezeichnet.

Bei einem Modell kann es sich um ein realitätsgetreues Modell handeln, z. B. einen Menschen, der eine Bewegung vormacht. Es kann auch eine Strichfigur oder ein beliebiger anderer Gegenstand sein, solange die wesentlichen Instruk-

www4422a tionselemente abgebildet werden.

Für die Darstellung von Bewegungen werden als Modelle neben der Realdarstellung häufig die Strichfigur oder das Konturogramm genutzt (s. Abb. 62). Die unterschiedlichen Modelle weisen verschiedene Charakteristika auf, die je

www4422b nach Zielsetzung zu Vor- und Nachteilen führen.

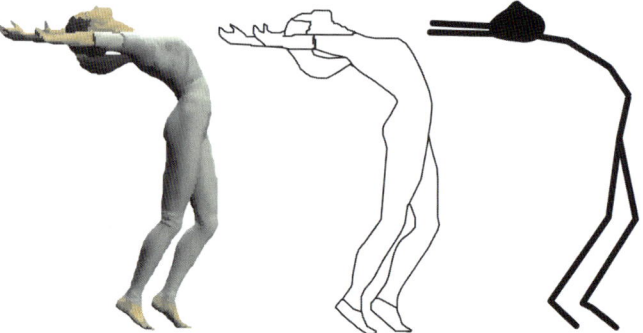

Abb. 62. Realdarstellung, Konturogramm und Strichfigur

Das Vormachen der Bewegung durch eine Person ist offensichtlich der Realität am nächsten. Nachteilig ist, dass sich reale Präsentationen nur selten verlangsamt (in Zeitlupe) durchführen lassen. Bei wiederholten Ausführungen werden die gezeigten Bewegungen variieren.

www4422c *Diese Nachteile sind bei Videopräsentationen nicht gegeben. Durch die Präsentation aus verschiedenen Perspektiven kann zumindest teilweise die nun nicht mehr frei wähl-*

bare Betrachtungsperspekte ausgeglichen werden. Auch ist
die Produktion von 3D-Videos technisch möglich (Betrach-
tung mit 3D-Brillen).

Die Nutzung von 3D-Welten eröffnet weitere Möglichkeiten,   www4422d
so z. B. die Wahl von Perspektive und anderen Abspielmodi
(z. B. Geschwindigkeit, Zoomfaktor) durch den Lernenden.

Neben der dynamischen Kodierung (Videos oder Filme)
werden zur Informationsübermittlung auch statische Kodierungen, z. B. Bildreihen, eingesetzt.   www4422e

Bildreihen sind aus Einzelbildern zusammengesetzt, die, in einer
bestimmten Reihenfolge betrachtet, den Ablauf einer Bewegung
darstellen.

Durch die Hintereinanderreihung von Einzelbildern müssen
die räumlich-zeitlichen Veränderungen der Körperpositionen
so dargestellt werden, dass die Betrachter anhand der Bildreihe die Bewegung lernen können.

Ein wesentlicher Unterschied zur Informationsvermittlung
durch Video oder Vormachen ist, dass der Lernende beliebig
viel Zeit hat, die Bilder zu betrachten. Bei einem Video mit 24
Bildern pro Sekunde entsteht aufgrund des geringen zeitlichen Auflösungsvermögens des visuellen Systems der Ein-
druck, dass es sich um eine kontinuierliche Bewegung handelt. Bei einer Bildreihe muss der Betrachter die „Lücken"
zwischen den Einzelbildern selber erschließen (interpolie-
ren). Folglich muss eine Bildreihe so gestaltet sein, dass
dieses möglich ist.

Bildreihen mit Einzelbildern, wie in Abb. 63 dargestellt, sind
für Instruktionen nicht geeignet, da der Betrachter nicht er-
schließen kann, wie die Person von der Ausgangsposition in
die Hocke gekommen ist. Sie kann sowohl einen Armkreis
vorwärts als auch rückwärts gemacht haben.

191

Abb. 63. Auszug Bildreihe

Bei Bildreihen ohne Zeitachse bleibt zudem unklar, wie viel Zeit zwischen den Einzelbildern vergeht. Der zeitliche Abstand muss nicht identisch (äquidistant) sein, wenn sich die Auswahl der Bilder an den wesentlichen Positionsveränderungen orientiert.

www4422f Bildreihen sollten das habituelle Blickverhalten berücksichtigen. In unserem Kulturkreis gehört hierzu das Blicken von links nach rechts sowie von oben nach unten, welches sich durch das Lesen herausgebildet hat. Blickirritationen können auftreten, wenn eine Abbildung eine unbekannte Technik zeigt, die z. B. gegen die Leserichtung angeordnet ist.

Bildreihen können auch als Rückmeldungen eingesetzt werden, so z. B. durch die Nutzung von Videoprintern oder den Ausdruck über einen an das Video bzw. die digitale Kamera angeschlossenen Computer.

Neben der Informationsübermittlung durch Bilder haben auch Texte eine große Bedeutung. Texte können visuell, akustisch oder taktil (bei Blindenschrift) übermittelt werden. In vielen Büchern finden sich ausführliche Bewegungsbeschreibungen, die oftmals auch bebildert sind. Bei gedruckten Texten hat der Leser die Möglichkeit, unklare Passagen erneut zu lesen und die Lesegeschwindigkeit selbst zu bestimmen. Der unmittelbare Kommentar des Lehrers nach der Bewegungsausführung stellt eine andere Situation dar. Die Geschwindigkeit der Informationsaufnahme ist durch die

Sprechgeschwindigkeit des Lehrers bestimmt. Unklarheiten können nur durch Rückfragen aufgeklärt werden.

Um die Kommunikation insbesondere unter Zeitdruck zu vereinfachen, entwickeln Trainer und Athleten oft eine eigene „Sprache", in der durch einzelne Begriffe oder Phrasen wie „Knie hoch" komplexe Zusammenhänge ausgedrückt werden.

Die Kombination von Texten und Bildern wird auch in Videos verwendet. Die Schriftform wird z. B. genutzt, um bestimmte Positionen, Körperteile oder Techniken mit Begriffen zu bezeichnen. Umfangreichere Erläuterungen der Technik erfolgen über Sprechtext. Weitere Beispiele für Kombinationen sind:

- *Programmierte Instruktionskarten (statische Bilder und geschriebener Text).*   *www4422g*
- *Instruktionsvideos (dynamische Bilder und gesprochener Text oder Texteinblendungen).*
- *Videos, welche die soeben ausgeführte Bewegung zeigen (KP) und vom Lehrer kommentiert werden.*   *4.4.2*

In der Forschung wird untersucht, unter welchen Umständen die Kombination mehrerer Kodierungsformen für das Lernen sinnvoll ist. Diese Forschungsrichtung hat im Rahmen der Gedächtnis-, Lern- und Medienpsychologie eine lange Tradition (Weidemann, 1993). Im Rahmen der Bewegungswissenschaft beschäftigte sich u. a. Blischke (1986) mit der Frage, ob sich Unterschiede in der Lernleistung ergeben, wenn eine Bewegung nur mit Bildern, nur mit Texten oder mit Kombinationen erlernt werden sollen.   *www4422h*

Intuitiv betrachtet erscheinen unterschiedliche Kodierungen und Modalitäten für den Transport verschiedener Informationsinhalte unterschiedlich gut geeignet.

Steht man vor der Wahl, einer turn-unkundigen Person, die noch nie eine Radwende gesehen hat, diese Übung verbal zu beschreiben oder aber ein Video zu zeigen, so würden sich die meisten wahrscheinlich für das Video entscheiden. Langwierige Erklärungen – wo sich die Arme befinden, wenn sich die Beine da oder dort befinden – entfallen. Das Video kann schnell einen Gesamteindruck vermitteln.

Wichtig ist jedoch, dass diese Feststellung noch nichts darüber aussagt, ob mit dieser Form der Informationsübermittlung auch besser gelernt wird, da dieses u. a. von personenbezogenen Faktoren abhängig ist.

www4422j

Die Wahl der geeigneten Instruktionsform (Kodierung und Modalität) ist – gemessen am Lernerfolg – auch von einer Vielzahl von personenbezogenen Faktoren abhängig, so z. B. von Lernmedienpräferenzen, eingesetzten Lernstrategien, den motorischen Fertigkeiten.

4.4.2.3 Zeitstruktur

Vor dem Hintergrund von gedächtnis- und lernpsychologischen Erkenntnissen werden nun Überlegungen zum effektiven Informationszeitpunkt vorgestellt (s. Abb. 64). Unter dem Begriff Zeitstruktur werden zwei Zeiträume betrachtet:

Der Zeitraum zwischen dem Ende der Bewegung und der Übermittlung der Fremdinformation wird Prä-Fremdinformations-Intervall (Prä-FI) genannt (synonym: KR/KP-delay-interval, pre-KR/KP-interval).

Der Zeitraum zwischen der Übermittlung der Fremdinformation und erneuter Bewegung wird Post-Fremdinformations-Intervall (Post-FI) genannt (synonym: post-KR/KP-delay-interval).

Wird Information bereits während der Bewegungsausführung übermittelt, so wird sie als Synchroninformation be-

zeichnet. Erfolgt die Information im Anschluss an die Bewegung, so wird je nach zeitlichem Abstand zwischen Schnellinformation (< 0 - 30 s, ehemals Sofortinformation = 0 s) und Spätinformation (> 30 s) differenziert.
Die Funktion der Information ist in Abhängigkeit vom Informationszeitpunkt unterschiedlich.

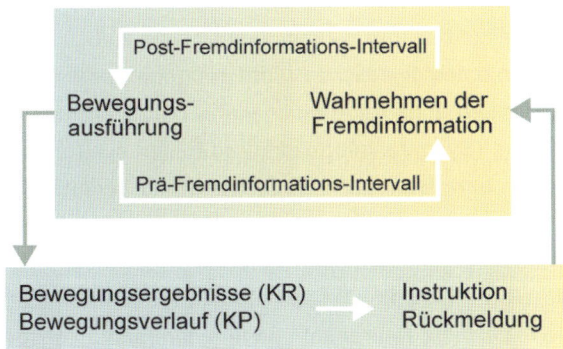

Abb. 64. Prä- und Post-Fremdinformations-Intervall

Spätinformation – ein Video von Slalomdurchgängen, das nach Ende des Trainingstages gezeigt wird – hat die Funktion, Technikausführungen und Fahrwege im Allgemeinen zu betrachten, zwischen den Athleten zu vergleichen etc. Nur größten Spezialisten wird es gelingen, sich daran zu erinnern, wie sich die Ausführung des 127igsten Schwungs vor 5 Stunden tatsächlich „angefühlt" hat.

Diese Form der Information stellt also auf Gedächtnisinhalte ab, die bereits im Langzeitgedächtnis verankert sind.   *4.2.1*
Die Funktion der Synchron- und Schnellinformation ist es hingegen, den Lernenden in der Verarbeitung und Interpretation seiner aktuellen bewegungsinduzierten Eigenwahrnehmung zu unterstützen.

195

Ein Ruderer kann z. B. Synchroninformation über die Druck-verhältnisse am Stemmbrett durch eine dynamographische Messplatte und einen Bildschirm während des Ruderns er-halten.

Ein Volleyballer führt einen Schmetterschlag aus und der Trainer gibt direkt im Anschluss eine verbale Korrekturan-weisung (Schnellinformation).

4.2.1

In beiden Fällen soll die Information auf laufende Prozesse im Kurzzeitgedächtnis wirken, wobei sich jedoch für die Lernenden unterschiedliche Anforderungen ergeben.

Erhält der Lernende Information während der Bewegungs-ausführung (Synchroninformation; i.d.R. bei zykischen Be-wegungen bzw. Bewegungssequenzen), so bedeutet dies, dass zu den kontinuierlich aus dem Bewegungsvollzug re-sultierender Eigeninformation zusätzlich Fremdinformation anfällt. Die Erwartung ist, dass die Information aus beiden Quellen integrativ verarbeitet und in ein verändertes Bewe-gungsverhalten umgesetzt wird. Dies geschieht noch wäh-rend der Fortsetzung der Bewegung, wodurch weitere Ei-geninformation anfällt. Die Informationsmenge und die ein-geschränkte Verarbeitungszeit könnte zu einer Überforde-rung der Verarbeitungsressourcen führen und positive Effek-te ebenso zunichte machen wie mögliche Favorisierung der einen oder anderen Informationsquelle. Bei Nutzung von Schnellinformation ist dieses Problem nicht gegeben, da die Fremdinformation erst nach dem Ende des Bewegungsvoll-zuges übermittelt wird.

Für Schnellinformation ist zu entscheiden, wie viel Zeit der Lernende nach Abschluss der Bewegung für die Verarbei-tung der Eigeninformation haben sollte, bevor die Fremdin-formation zur Verfügung gestellt werden (minimale Prä-FI-

Intervalllänge). Es ist davon auszugehen, dass der Eigenin-
formations-Verarbeitungsprozess nicht folgenlos zu jeder
beliebigen Zeit gestört werden darf. Gesucht ist also der
Zeitpunkt, zu dem der Verarbeitungsprozess ein Stadium
erreicht hat, in dem keine quantitativen und qualitativen
Verluste eintreten, wenn Information von außen ergänzt wird
(s. Abb. 65, Markierung U).

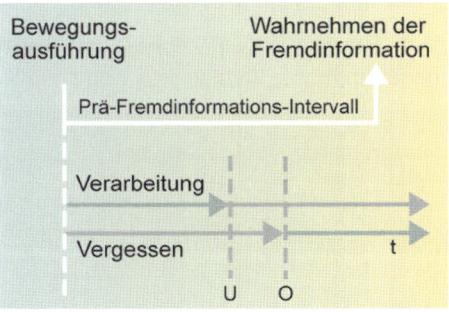

Abb. 65. Zeitliche Aspekte der Verarbeitung von Eigeninformation

Theoretisch lässt sich eine Vielzahl von Aspekten anführen,
die Einfluss auf die benötigte Zeit haben können. Dies können der Umfang der Bewegung (klein- oder großmotorisch),
die Komplexität der Eigeninformation, die Verarbeitungstie-
fe, das Könnensniveau, das Alter etc. sein. Diese Aspekte
wurden wenig systematisch untersucht, so dass die Befundlage nicht sehr umfangreich ist (u. a. Schmidt & Lee, 1999,
S. 347; Magill, 1998a, S. 213). Pauschal lässt sich die
Aussage vertreten, dass das Minimum für das Prä-FI-Intervall bei 5 Sekunden liegen sollte.

Mit Rückgriff auf die Gedächtnispsychologie und ihre Befunde zur Speicherdauer im Kurzzeitgedächtnis (u. a. Ebbinghaus, 1885; Atkinson & Shiffrin, 1968) lässt sich vermuten,

4.2.1

www4423

4.2.1

197

dass auch für das motorische Lernen maximale Prä-FI-Intervalllängen von 20–30 Sekunden vorteilhaft sind (Abb. 65, Markierung O). Die ohnehin geringe Befundlage zeigt sich relativ heterogen und kann im folgenden Sinne zusammengefasst werden: der Bereich von 20–30 Sekunden ist eine gute Orientierungsgröße für die maximale Prä-FI-Intervalllänge. Längere Verzögerungen, die sich z. B. ergeben können, wenn Fremdinformation technisch bedingt nicht schneller verfügbar ist bzw. sich der Lernende zunächst zum Informationsort begeben muss, können sich negativ auf die Aneignungsleistungen auswirken. Längere Zeiträume als 60 Sekunden wurden bisher nicht untersucht.

www4423a

www4423b

Schnellinformation sollte in einem Zeitraum von 5–30 Sekunden nach dem Ende der Bewegung an den Lernenden übermittelt werden.

Im Post-FI-Intervall soll der Lernende die Fremdinformation mit der bereits verarbeiteten Eigeninformation integriert weiterverarbeiten und einen Plan für die neue Bewegungsausführung fassen. Auch hier lässt sich wieder argumentieren, dass dafür eine gewisse Zeit benötigt wird. Bez. der oberen Intervallgrenze kann vermutet werden, dass Vergessensprozesse nicht so bedeutend sind, da die verarbeitete Eigen- und Fremdinformation vergessensresistenter ist, als die Eigeninformation allein.

www4423a

Die Befundlage stützt die theoretischen Annahmen. Die Länge des Post-FI-Intervalls stellt keine sehr sensible Größe für den Lernerfolg dar. Diese Feststellung ist insbesondere für Lernprozesse wichtig, in denen „zwangsweise" längere Pausen zwischen den Bewegungsausführungen zur Erholung, zum Standortwechsel (z. B. Skislalom, Fallschirmspringen) etc. notwendig sind.

Bei Schnellinformation sollte der Zeitraum zwischen Fremd-information und erneuter Bewegungsausführung mindestens 3–5 Sekunden betragen. Zeiträume bis zu 2 Minuten sind unkritisch.

4.4.2.4 Zusätzliche Aufgaben

In diesem Kapitel wird thematisiert, ob sich zusätzliche Auf-gaben, die zwischen einzelnen Bewegungsausführungen zu bewältigen sind, auf den Lernprozess auswirken und welche Auswirkungen sich in Abhängigkeit vom Aufgabentyp erge-ben. Diese Frage ist praktisch relevant, da häufig zunächst der Standort gewechselt werden muss, bevor Fremdinfor-mation verfügbar ist oder vor der Rückmeldung der Lernen-de durch einen Mitlernenden angesprochen wird.

- *Der Wasserspringer muss zunächst auftauchen und an den Beckenrand schwimmen, bevor er Fremdinformation be-kommt (motorische Aufgabe ohne Bezug zur Lernaufgabe im Prä-FI-Intervall).*
- *Der Hochspringer wird während der Vorbereitung auf sei-nen nächsten Sprung von seinem Mannschaftskollegen angesprochen (kognitive Zusatzaufgabe ohne Bezug zur Lernaufgabe im Post-FI-Intervall).*
- *Der Lehrer fragt den Diskuswerfer, wie er die soeben aus-geführte Bewegung einschätzt (kognitive Zusatzaufgabe mit Bezug zur Lernaufgabe im Prä-FI-Intervall).*

Es stellt sich die Frage, unter welchen Bedingungen diese zusätzlichen Aktivitäten die Verarbeitung der Eigeninformati-on bzw. die Planung der neuen Bewegung positiv oder ne-gativ beeinflussen.

Eine negative Beeinflussung ist nach dem bisher Gesagten insbesondere für das Prä-FI-Intervall zu erwarten, wenn die bewegungsbezogenen Verarbeitungsprozesse der Eigeninformation gestört werden. Eine Störung kann vorliegen, wenn der Verarbeitungsprozess zugunsten der neuen Anforderungen unterbrochen oder aufgegeben wird (Magill, 1998a, S. 215), Information vor der Verarbeitung vergessen oder nicht mehr beachtet wird (Selektion) oder zwischen der zu verarbeitenden Information nicht mehr differenziert werden kann. Letzteres kann z. B. bei einer großen Ähnlichkeit der zu erlerndenen Bewegung auftreten (Interferenzen).

www4424a

Positive Effekte können eintreten, wenn die Zusatzaufgabe eine aufmerksamkeitslenkende Funktion bez. der zu erlernenden Aufgabe hat und eine vertiefte Verarbeitung anstößt. Spezielles Interesse gilt in diesem Zusammenhang dem Einfluss der Selbsteinschätzung im Prä-FI-Intervall (Panzer, 2000, S. 54).

Unter Selbsteinschätzung wird die nach außen mitgeteilte Bewertung der eigenen Bewegungsleistung verstanden. Sie erfolgt meistens durch die verbale Benennung von Ergebnissen und ggf. ihre Bewertung.

Es wird angenommen, dass die Lernenden durch Selbsteinschätzung veranlasst werden, sich intensiver mit dem eigenen Tun auseinander zu setzen. Die Eigeninformation soll dadurch vertiefter verarbeitet werden. Hierdurch werden die Lernenden in die Lage versetzt, Fehler zu erkennen und in der Folge eine größere Eigenständigkeit zu erreichen (u. a. Magill, 1998a, S. 215).

Die Befundlage lässt sich wie folgt zusammenfassen: *www4424b*

Prä-FI-Intervall:
- Motorische und kognitive Zusatzaufgaben (ausgenommen die Selbsteinschätzung) können sich störend auf die Aneignungsleistung auswirken.
- Die Zusatzaufgabe Selbsteinschätzung führt nicht zwingend zu besseren Behaltensleistungen.   *www4423b*

Post-FI-Intervall:
- Motorische und kognitive Zusatzaufgaben führen manchmal zu schlechteren Aneignungsleistungen.
- Motorische und kognitive Zusatzaufgaben haben keine negativen Konsequenzen auf die Behaltensleistungen.

4.4.2.5 Relative Häufigkeit von Fremdinformation

Neben den Überlegungen, wann Fremdinformation in den Übungsprozess zu integrieren ist, stellt sich auch die Frage, wie häufig sie verfügbar sein sollte.

Mit dem Begriff der relativen Häufigkeit von Fremdinformation wird die Anzahl der Rückmeldungen bzw. Instruktionen relativiert an der Anzahl der Bewegungsausführungen bezeichnet (z. B. 10% = 10 FI/100 Versuchen).   *www4425a*

Theoretisch lässt sich argumentieren, dass einerseits hinreichend Information verfügbar sein müssen, so dass der Lernprozess nicht aufgrund von Informationsmangel stagniert. Andererseits sollte es aber nicht so viel Information sein, dass sich der Lernende nur auf diese verlässt und es vernächlässigt, sich selber einzuschätzen und Fehler zu erkennen („guidance hypothesis", Schmidt, 1988).   *www4425b*
Welche Faktoren können den Informationsbedarf beeinflussen? Neben personenbedingten Faktoren, wie dem Wunsch

nach Überprüfung der Selbsteinschätzung, Beachtung oder einer Fixiertheit auf die lehrende Person, sind der Könnensstand sowie die Möglichkeiten zur Selbstkontrolle als wesentliche Größen anzusehen. Es ist also anzunehmen, dass beim Neulernen von Bewegungen der Informationsbedarf größer sein wird als bei der Optimierung einer Bewegung.

Auf der Basis dieser Überlegungen wurden so genannte „fading"-Prozeduren definiert, bei denen die große Informationshäufigkeiten zu Beginn der Lernphase kontinuierlich verringert wurden. Alternativen sind gleichmäßige Verteilungsverhältnisse („fixed-ratio"), wenn z. B. nach jeder 2ten Bewegung Fremdinformation gegeben wird oder die geblockte Verteilung, wenn z. B. nach den ersten 10 von 20 Versuchen Information präsentiert wird (s. Abb. 66).

	Versuche																			
100% KR/KP	+	+	+	+	+	+	+	+	+	+	+	+	+	+	+	+	+	+	+	+
50% geblockt	+	+	+	+	+	+	+	+	+	−	−	−	−	−	−	−	−	−	−	−
50% verteilt	+	−	+	−	+	−	+	−	+	−	+	−	+	−	+	−	+	−	+	−
50% fading	+	+	+	+	−	+	−	+	−	−	+	−	−	+	−	−	−	+	−	

Abb. 66. Fremdinformationsverteilungen, + = mit FI, − = ohne FI

Ein weiteres Verteilungskriterium kann die Bewegungsleistung sein. Immer wenn sich die Leistung in einem definierten Bereich um den Sollwert bewegt, wird keine Fremdinformation gegeben („bandwidth approach"). Schließlich kann es auch dem Lernenden überlassen werden, die Information nach Bedarf anzufordern.

www4425c Als relativ abgesichert kann der Befund gelten, dass nicht nach jeder Bewegungsausführung Fremdinformation gegeben werden muss (u. a. Magill, 1998a, S. 218; Marschall, 1992; Schmidt, 1999, S. 339). Bei 100% Rückmeldungen

zeigen sich oftmals zunächst schnellere Aneignungsleistungen, aber langfristig nicht selten schlechtere oder ähnliche
Behaltensleistungen wie unter 50%-Bedingungen (Winstein
& Schmidt, 1990 mit „fading"-Technik; Marschall, 1992, S.
148 bei gleichmäßiger Verteilung).

Wie weit kann die Informationsfrequenz reduziert werden,
ohne dass das Erreichen einer stabilen Lernleistung beein-
trächtigt wird? Nach der Befundlage ergibt sich eine Orientierungsgröße von ca. 50%. Bei Marschall (1992) zeigten
sich auch bei 25% noch Lernleistungen, jedoch deutlich
schlechtere als bei der 100%-Variante. Bei Reiser (1992)
erwiesen sich 25%-Videoinformation als kaum noch lern-
wirksam.

Weniger abgesichert sind die Aussagen über die Vertei-
lungsform. In einigen Untersuchungen zeigte sich die geblockte Präsentation zu Beginn der Lernphase gegenüber
einer gleichmäßigen Verteilung als unvorteilhaft.

Häufige Fremdinformation wirkt sich nicht negativ auf die An-
eignung einer Bewegung aus.

Zu häufige Fremdinformation kann negative Konsequenzen für die
Behaltensleistung haben. Eine Orientierungsgröße liegt bei 50%.

Die gleichmäßige Verteilung der Information scheint gegenüber
einer geblockten Variante von Vorteil.

4.4.3 Übungsgestaltung

Unter dem Oberbegriff der Übungsgestaltung wird die
Übungsvariabilität, die Übungsverteilung und die mentale
Übung thematisiert. Bei der Entscheidung darüber, wie eine
Übungssituation ablaufen soll, muss festgelegt werden, ob

eine Bewegungstechnik monoton und/oder variabel zu üben ist oder nur in der gedanklichen Vorstellung durchgespielt werden soll. Des Weiteren ist zu entscheiden, in welchem zeitlichen Abstand die Übungen und Übungsblöcke durchgeführt werden sollen – massiert und/oder verteilt.

4.4.3.1 Übungsvariabilität

Unter monotonem Üben wird die wiederholte Ausführung der identischen Bewegung (Technikvariante) verstanden.

Eine präzise Definition von monotonem und variablem Üben kann nur unter Rückgriff auf spezifische Repräsentationsvorstellungen erfolgen.

www4431a

Monotones Üben im Sinne der GMP-Theorie bedeutet, dass immer das gleiche Bewegungsprogramm und die gleichen Programmparameter für die Ausführung spezifiziert werden.

Wenn der einhändige Druckwurf über Kopf beim Basketball erlernt werden soll, dann wird von monotonem Üben gesprochen, wenn immer von der gleichen Abwurfposition (z. B. der Freiwurflinie), der gleichen Abwurfhöhe mit identischem Krafteinsatz und Abwurfwinkel versucht wird, den Korb zu treffen.

Viele Autoren sprechen bei dieser Form des Übens auch vom „Wiederholen ohne Wiederholung". Gemeint ist damit, dass sich durch jede Bewegungsausführung der Wissens- und Könnensstand verändert und somit bei jeder Ausführung auf Seiten des Lernenden nicht mehr die gleichen Bedingungen vorliegen wie bei der vorhergehenden Ausführung.

Von variablem Üben wird gesprochen, wenn die gleiche Bewegungstechnik unter unterschiedlichen situativen, umweltbezogenen oder gerätespezifischen Bedingungen sowie physiologischen oder psychologischen Belastungsbedingungen ausgeführt wird.

Variables Üben im Sinne der GMP-Theorie ist die wiederholte Nutzung des gleichen Bewegungsprogramms bei Variation der Programmparameter.

Variable Übungsbedingungen für den Druckwurf können durch Würfe aus unterschiedlichen Entfernungen, Winkelpositionen, Wurfseiten und mit unterschiedlich schweren Bällen realisiert werden sowie im ausgeruhten oder nahezu erschöpften Zustand.

Ein Argument, welches häufig für variables Üben genannt wird, ist die Motivation. Es wird argumentiert, dass Lernende bei monotonem Üben schnell die Lust verlieren. Dies ist aber nur die eine Seite der Medaille, da die Lernenden auch dann die Lust verlieren können, wenn sich aufgrund ungünstiger Übungsbedingungen, z. B. durch ein Übermaß an Variabilität, keine Lernerfolge einstellen.

Soll eine Technik erlernt werden, die stets an sich verändernde Umwelt-, Mannschafts- und/oder Gegnerkonstellationen anzupassen ist (offene Fertigkeit, z. B. der Druckwurf), erscheint es plausibel, diese Technik auch in der Variationsvielfalt zu üben, in der sie später verwendet wird. Zudem wird mit der variablen Übung auch die nahe liegende Erwartung verbunden, dass nicht nur geübte Varianten beherrscht werden, sondern darüber hinaus Varianten realisiert werden können, die nicht geübt wurden (Transfer). Diese Vorhersage ergibt sich auch aus der Schema-Theorie (Schmidt, 1975).

www4431b
4.3.2.2

Warum sollte aber eine Bewegungstechnik, die immer wieder unter annähernd gleichen Bedingungen ausgeführt wird (geschlossene Fertigkeit), wie z. B. der Handstand auf dem Schwebebalken, variabel geübt werden? Theoretisch wird Bezug genommen auf die Kontextinterferenzhypothese (Battig, 1966).

www4431c

Die Kontextinterferenzhypothese macht Aussagen über die gegeseitige Beeinflussung von Aufgaben und die hieraus resultierenden Konsequenzen.

Sind sich Aufgaben sehr ähnlich, so wie bei der monotonen Wiederholung, entsteht nur eine geringe Interferenz, so dass keine vertiefte Verarbeitung bzw. bei der erneuten Ausführung keine Reprogrammierung erforderlich ist. Umgekehrt verhält es sich bei unterschiedlichen Aufgaben mit entsprechend hohen Interferenzen.

Insgesamt werden die besseren unmittelbaren Aneignungsleistungen bei geringer Interferenz und die besseren Behaltens- und Transferleistungen bei hoher Interferenz vorhergesagt. Analog ergibt sich die Prognose, dass sich das variable Üben auch für geschlossene Techniken positiv auswirkt.

Über diese Überlegungen hinaus, sind noch zwei weitere Fragen zu klären:

- Zu welchem Zeitpunkt im Lernprozess soll das variable Üben beginnen? Welchen Könnensstand sollten die Lernenden bereits erreicht haben?

- Welche Varianten sollten gleichzeitig geübt werden?

Gängige Auffassung ist, dass beim Technikneulernen (Programmlernen) das monotone Üben vorteilhafter ist. Argumentiert wird, dass das Neulernen eine Überforderungssituation darstellt, die durch zusätzliche Variationen nicht noch weiter vergrößert werden soll. Durch die mehrfache Ausführung der gleichen Technikvariante (geblocktes Üben) sollen zunächst die Charakteristika der Technik (Invarianten) leichter erlernt werden.

In den Experimenten zu diesem Themenkomplex wurden verschiedene Kombinationen von monotonen und variablen Übungssequenzen untersucht: das mehrfache Ausführen einer Technikvariante (geblocktes Üben), das systematische Wechseln zwischen mehreren Varianten (alternierend) und das unvorhersehbare Wechseln zwischen den Technikvarianten (randomisiert).

Die Befunde zeigen durchgängig, dass sich Variabilität nicht als schädlich erweist (u. a. Magill & Hall, 1990, S. 265). *www4431d*

Variables Üben hat auf die Behaltensleistung einer monoton auszuführenden Bewegungstechnik keine negativen Konsequenzen, wenn die Technik im ausreichenden Umfang geübt wird.

Das geblockte Üben einer Technikvariante kann zu besseren Aneignungsleistungen bez. der geübten Variante führen bzw. hat keine negativen Effekte.

Werden verschiedene Technikvarianten randomisiert oder alternierend geübt, so führt dies zu besseren Behaltensleistungen der geübten Varianten als deren geblockte Übung.

Das randomisierte Üben von Technikvarianten kann zu besseren Transferleistungen (Ausführen noch nicht geübter Varianten) führen als das geblockte Üben.

4.4.3.2 Übungsverteilung

Unter dem Begriff der Übungsverteilung werden zwei Aspekte thematisiert:

- der zeitliche Abstand zwischen einzelnen Übungen
- der zeitliche Abstand zwischen Übungsblöcken (blockweise Ausführung mehrerer azyklischer Bewegungen bzw. einer zyklischen Sequenz)

Die zeitliche Verteilung von Übungen wird auch unter dem Begriffspaar „massierte und verteilte Übung" diskutiert. Diese Begriffe werden im Vergleich mehrerer Übungssituationen verwendet, sind jedoch nicht situationsübergreifend eindeutig bestimmt.

Eine Übungssituation, in der die Lernenden z. B. alle 60 Sekunden eine Übung durchzuführen haben und dies 100-mal hintereinander tun, ist „weniger verteilt" bzw. „stärker massiert" als die Situation, in der alle 120 Sekunden eine Übung auszuführen ist und die Übungsphase in 10 Versuchsblöcke über eine Woche verteilt werden.

Eine als sinnvoll angesehene Verteilung kann aufgrund von externen zeitlichen Zwängen nicht immer umgesetzt werden. So können Termine von Wettkämpfen oder der wöchentliche Rhythmus von Sportstunden in der Schule die Planungsfreiheit wesentlich reduzieren.

Der sog. Reminiszenzeffekt ist eines der Phänome, das bei einer Übungsverteilung zu beobachten ist. Damit ist gemeint, dass nach einer Pause (ohne Lernen bzw. keiner aktiven Beschäftigung mit der Aufgabe) eine Verbesserung gegenüber dem Vorpausenniveau festzustellen ist (u. a. Whitley, 1970, S. 580). Zur Erklärung von Reminiszenzeffekten werden zwei Theoriegruppen zur Debatte gestellt.

Zur ersten Gruppe gehört u. a. die Hullsche Hemmungstheorie (1943). Diese besagt, dass die kontinuierliche Ausführung einer Reaktion (Bewegung) zur Aufsummierung von einzelnen Hemmungspotentialen führt, die u. a. durch Nichtbelohnung oder große körperliche Anstrengung verursacht wird. Eine ausreichend große Pause führt zum Abbau dieser Hemmung und damit zu besseren Leistungen, als dies ohne Pause möglich gewesen wäre (u. a. Annett & Piech, 1985, S. 184).

4.3.1

Die zur zweiten Gruppe gehörenden Verarbeitungstheorien stellen auf die Bedeutung der Konsolidierung der Gedächtnisinhalte nach Abschluss der Lernphase ab. Es wird davon ausgegangen, dass es einer bestimmten Zeit bedarf, bis die Erfahrungen aus der Lernphase bzw. Einzelübung verarbeitet sind. Wird der Konsolidierungsprozess durch weiteres Üben unterbrochen, dann kann nur ein „Zwischenergebnis" erzielt werden, dessen Qualität und „Weiterverwendbarkeit" von der Zeit abhängt, die zur Verarbeitung zur Verfügung gestanden hat. Bei der erneuten Übungsausführung kann dieses Zwischenergebnis funktional nur anders genutzt werden als ein Zwischenergebnis, welches zeitlich später zustande gekommen wäre. Ist durch Übungsverteilung ausreichend Konsolidierungszeit vorhanden, so kann ein „Verarbeitungsendergebnis" erreicht werden, welches für die besseren Leistungen nach einer Pause verantwortlich gemacht wird. Weitgehend unklar ist jedoch, wie die Konsolidierungsdauer anzusetzen ist. Es werden aufgabenspezifisch (z. B. hohe Kraftanteile oder hohe Koordinationsanteile) unterschiedliche Zeiten angegeben, die sich von Sekunden bis zu Wochen erstrecken.

www4432b Aus den empirischen Befunden sind aufgrund der Vielzahl der möglichen Verteilungszeiten und der vermuteten Abhängigkeit ihrer Auswirkungen von der Aufgabe nur schwer Empfehlungen zur optimalen Übungsverteilung abzuleiten. Zudem wählten die Untersuchungen meistens nur ein Verteilungsspektrum von Sekunden bis zwei Minuten. Somit kann die hier gegebene Zusammenfassung z. B. die Frage, ob im Trainingslager zwei Tage Techniktraining „am Stück" schlechter oder besser sind als die Verteilung des gleichen Pensums über sieben Tage, nicht beantwortet werden.

Massiertes Üben kann zu schlechteren Aneignungsleistungen führen, ebenso oft sind jedoch keine Unterschiede zu verteilten Varianten (bis zu 2 Minuten) festzustellen.

Treten beim massierten Üben schlechtere Aneignungsleistungen auf, so sind diese nach einer Pause nicht mehr zu verzeichnen. Es werden genau so gute oder bessere Leistungen wie unter verteilten Bedingungen erreicht. Waren die Leistungen zunächst gleich, so bleibt dies auch nach einer Pause bzw. langfristig so.

Trai, www4432a Eine mögliche Ursache für bessere Leistungen bei größerer Übungsverteilung kann auch in Erholungseffekten begründet sein und wird hier nicht weiter behandelt.

4.4.3.3 Mentales Üben

Unter mentalem Üben wird das „Sich-Sich-Selber bei der Bewegungsausführung vorstellen" ohne tatsächliche Ausführung verstanden (u. a. Driskell, Copper & Moran, 1994; Magill, 1998a, S. 262).

Die Vorstellung kann die gesamte Bewegungstechnik oder eine Teilbewegung einbeziehen und sich u. a. aus visuellen, auditiven, taktilen, kinästhetischen und emotionalen Vorstellungsanteilen zusammensetzen. Die Vorstellung kann zeitlich rückwärts orientiert sein, d. h. dass sich die Lernenden bereits (erfolgreich) ausgeführte Bewegungen vorgestellen. Sie kann vorwärts orientiert sein, d. h. es wird die Bewegung vorgestellt, die als nächste ausgeführt werden soll. Für den Begriff des mentalen Übens finden sich in der Literatur viele Synonyme, wie mentales Training, inneres Probehandeln, kognitives Proben, interne Realisation, ideomotorisches Training (u. a. Richardson, 1967a, b; Volpert, 1976).

Die Definition wurde hier relativ eng gewählt, da ausschließlich auf die Ausführung einer Bewegungstechnik abgestellt wird. Rein kognitive Prozesse, wie z. B. Handlungsentscheidungen im Sportspiel, Technikauswahlentscheidungen, Reproduktionsleistungen hinsichtlich der Reihenfolge von Einzeltechniken z. B. beim Karate oder bei Kürübungen im Turnen, verbesserte Antizipationsleistungen bez. der Fahrstrecke bei Bobfahrern etc. sollen nicht betrachtet werden.

Andere Autoren mit anderen Forschungsinteressen verwenden den Begriff für jede Form der kognitiven Auseinandersetzung mit der Bewegung (z. B. eine Bewegungsanalyse) und/oder schließen auch allgemeine psychoregulative Verfahren ein.

Um eine Aussage über die Wirksamkeit oder Nichtwirksamkeit von mentalem Üben machen zu können, wird nach funktional und strukturell vergleichbaren Prozessen gesucht, die sowohl bei der tatsächlichen Bewegungsausführung wie auch der Vorstellung der Bewegungstechnik auftreten.

Weitgehend unstrittig ist, dass mentales Üben positive Effekte auf das Erlernen und Optimieren von Bewegungstechniken haben kann. Es wird meistens im Leistungs- und

Hochleistungssport (Ungerleider & Golding, 1991), selten im Schulsport eingesetzt. Mentales Üben hat die Funktion, physisches Üben zu ersetzen, wenn dieses z. B. aufgrund von schlechten Wetterbedingungen, Krankheiten, hohen physischen Beanspruchungen etc. nicht möglich ist. Es wird von den Athleten aber auch unmittelbar vor der Bewegungsausführung im Wettkampf eingesetzt, seltener jedoch systematisch im normalen Trainingsalltag (u. a. Hall, Rodgers & Barr, 1990).

Wie wird nun theoretisch hinsichtlich der Wirkungsweise von mentalem Üben argumentiert? Während die Wirksamkeit für rein kognitive Aufgaben, wie das Auswendiglernen eines Gedichtes oder das Durchspielen von Entscheidungssituationen, unmittelbar einleuchtet, liegt die Argumentation für Bewegungstechniken nicht unmittelbar auf der Hand.

Zur Systematisierung wird die Differenzierung in unspezifische und spezifische Hypothesen (Heuer, 1986, S. 192) herangezogen. Die Erstgenannten stellen auf unspezifische Effekte ab, wie die Wirksamkeit durch Erhöhung der Motivation oder Anstrengung. Sie werden hier nicht behandelt.

Die drei spezifischen Hypothesen werden als die neuromuskuläre bzw. ideomotorische, kognitive und Programmierungshypothese bezeichnet.

www4433a   Die neuromuskuläre oder auch ideomotorische Hypothese schreibt den Erfolg des mentalen Übens den peripheren Effekten zu. Postuliert wird, dass sich die Bewegungsvorstellung in einer schwachen (nicht unbedingt sichtbaren, aber messbaren) Aktivierung der beteiligten Muskulatur niederschlägt, wobei die wiederholte Vorstellung zu Bahnungs-

effekten führt. Die Befundlage kann jedoch die neuromuskuläre Hypothese nicht unterstützen, da die peripheren Effekte
nicht zwingend auftreten.

Die Gültigkeit der kognitiven Hypothese ist kaum zu bezwei-
feln. Sie erklärt die positiven Effekte durch das Erlernen der
kognitiven Anteile der Bewegungsrepräsentation, also die
sprachlich-symbolischen und räumlich-bildhaften Anteile.
Positive Effekte des mentalen Übens bei hoch automatisier-
ten Bewegungstechniken legen jedoch die Vermutung nahe,
dass durch die kognitive Hypothese allein nicht alle Effekte
erklärt werden können.

www4433b

Die Programmierungshypothese postuliert, dass die zentralnervösen Prozesse, die bei Bewegungsvorstellung ablaufen, entscheidend für die Effekte sind. Gemeint ist, dass mit
der Vorstellung die Bereitstellung des erforderlichen Bewegungsprogramms einhergeht. Im Gegensatz zur tatsächlichen Ausführung wird es jedoch nicht an die Peripherie
weitergeleitet. Somit liegt eine teilweise Übereinstimmung
der bei der Vorstellung und Ausführung ablaufenden Prozesse vor. Durch das wiederholte Vorstellen wird die Bereitstellung des Bewegungsprogramms geübt, folglich können die
Effekte auf das allgemeine Gesetz der Übung (Schmidt &
Lee, 1999, S. 358) zurückgeführt werden. Die Verbesserung
des Ganzen (der tatsächlichen Bewegungsausführung) ergibt sich durch die Verbesserung des Teilprozesses.

www4433c

Eine eindeutige Interpretation der Befundlage ist äußerst
schwierig. Eine Systematisierung der Effekte anhand der
Aufgabenstellung (geringere oder größere kognitive Anteile), der Vorerfahrung mit mentalem Üben, der Perspektive
bei der Vorstellung (internal, external; Hinshaw, 1991; Start

www4433d

& Richardson, 1964; Mahoney & Avener, 1977), des Vorstel-
lungsvermögens (Epstein 1980; Decety, Jeannerod & Prablanc, 1989) erscheint derzeit nicht möglich.

Das ausschließlich praktische Üben kann sowohl zu besseren,
vergleichbaren oder schlechteren Lernleistungen führen als die
Kombination von praktischem und mentalem Üben.

Ist praktisches Üben nicht möglich, so kann sich das mentale
Üben positiv auswirken, d. h. zum Leistungserhalt bzw. zur
Leistungsverbesserung hinsichtlich der Bewegungstechnik beitra-
gen.

Durch das ausschließlich mentale Üben einer Bewegungstechnik
können gegenüber dem praktischen oder dem praktisch/mental
kombinierten Üben meistens nur geringere Lernleistungen erreicht
werden.

Literaturverzeichnis

Adams, J. A. (1971). A closed-loop theory of motor learning. *Journal of Motor Behaviour, 3* (2), 111-149.

Annett, J. & Piech, J. (1985). The retention of a skill following distributed training. *Programmed learning and educational psychology, 2* (22), 184-186.

Atkinson, R. C. & Shiffrin, R. M. (1968). Human memory - a proposed system and its control processes. In K. W. Spence & J. T. Spence (Eds.), *The psychology of learning and motivation - Advances in research and theory* (pp. 89-195). New York: Academic Press.

Bachman, J. C. (1961). Specifity vs. generality in learning and performing two large muscle motor tasks. *Research Quarterly, 32*, 3-11.

Baddely, A. (1986). *Working memory*. London: Oxford University Press.

Ballreich, R. (1970). *Weitsprung-Analyse: Modell und Ergebnisse einer multivariablen Analyse kinematischer und dynamischer Merkmale von Sprungbewegungen.* Berlin: Bartels & Wernitz.

Ballreich, R. (1983). Analyse und Ansteuerung von sportmotorischen Techniken aus trainingsmethodischer und biomechanischer Sicht. In R. Ballreich & W. Baumann (Hrsg.), *Biomechanische Leistungsdiagnostik* (S. 37-60). Berlin: Bartels & Wernitz.

Ballreich, R. (1988a). Einführung in die Biomechanik des Sports. In R. Ballreich & W. Baumann (Hrsg.), *Grundlagen der Biomechanik des Sports. Probleme Methoden Modelle* (S. 1-12). Stuttgart: Enke.

Ballreich, R. (1988b). Untersuchungsziele der Biomechanik des Sports. In R. Ballreich & W. Baumann (Hrsg.), *Grundlagen der Biomechanik des Sports. Probleme Methoden Modelle* (S. 13-53). Stuttgart: Enke.

Ballreich, R. (1988c). Grundlagen der Modellmethode. In R. Ballreich & W. Baumann (Hrsg.), *Grundlagen der Biomechanik des Sports. Probleme Methoden Modelle* (S. 108-136). Stuttgart: Enke.

Ballreich, R., & Baumann, W. (1982). Einführung in die Forschungsmethoden der Biomechanik des Sports. In R. Ballreich, W. Baumann, J. Haase, H.-V. Ulmer & U. Wasmund-Bodenstedt (Hrsg.), *Trainingswissenschaft 1* (S. 39-134). Bad Homburg: Limpert.

Ballreich, R. & Brüggemann, G. P. (Hrsg.). (1986). *Biomechanik des Weitsprungs*. Stuttgart: Enke.

Bartlett, F. C. (1932). *Remembering: A study in experimental and social psychology*. Cambridge: Cambridge University Press.

Battig, W. F. (1966). Facilitation and Interference. In E. A. Bilodeau (Ed.), *Acquisition of skill* (pp. 215-244). New York: Academic Press.

Baumann, W. (1988). Biomechanische Messverfahren. In R. Ballreich & W. Baumann (Hrsg.), *Grundlagen der Biomechanik des Sports. Probleme Methoden Modelle* (S. 76-103). Stuttgart: Enke.

Birbaumer, N. & Schmidt, R. F. (1991). *Biologische Psychologie* (2. Aufl.). Berlin: Springer.

Birbaumer, N. & Schmidt, R. F. (2000). *Biologische Psychologie* (4. Aufl.). Berlin: Springer.

Blischke, K. (1986). *Zur Bedeutung bildhafter und verbaler Information für die Ausbildung einer Bewegungsvorstellung*. Unveröffentlichte Dissertation, Freie Universität Berlin.

Bloom, W. & Fawcett, D. W. (1986). *A textbook of histology* (11th ed.). Philadelphia: Saunders.

Broadbent, D. E. (1958). *Perception and communication*. London: Pergamon Press.

Büsch, D., Wilhelm, A. & Schmidt, R. (2003). Kannst Du nicht still stehen? *Motorische Kontrolle und Lernen*: Zugriff am 08.05.2003 unter http://www.motorische-kontrolle-und-lernen.de

Carl, K. (1987). Motorisches Gleichgewicht. In E. Beyer (Hrsg.), *Wörterbuch der Sportwissenschaft* (S. 251-252). Schorndorf: Hofmann.

Daugs, R. & Blischke, K. (1984). Sensomotorisches Lernen. In K. Carl (Hrsg.), *Handbuch Sport* (S. 381-420). Düsseldorf: Schwann.

Daugs, R., Olivier, N., Wiemeyer, J. & Panzer, S. (1999). Wissenschaftstheoretische und methodische Probleme bei der sportwissenschaftlichen Erforschung von Bewegung, Motorik und Training. In J. Wiemeyer (Hrsg.), *Forschungsmethodologische Aspekte von Bewegung, Motorik und Training im Sport* (S. 13-36). Hamburg: Czwalina.

Decety, J., Jeannerod, M. & Prablanc, M. (1989). The timing of mentally represented actions. *Behavioral Brain Research, 34*, 35-42.

Dichgans, J., Körner, F. & Voigt, K. (1968). Vergleichende Skalierung des afferenten und efferenten Bewegungssehens beim Menschen: Lineare Funktionen mit verschiedener Anstiegssteilheit. *Psychologische Forschung, 32*, 277-295.

Driskell, J. E., Copper, C. & Moran, A. (1994). Does Mental practice Enhance Performance? *Journal of Applied Psychology, 79* (4), 481-492.

Ebbinghaus, H. (1885). *Über das Gedächtnis. Untersuchungen zur experimentellen Psychologie*. Leipzig: Duncker und Humblot.

Engelkamp, J. (1990). *Das menschliche Gedächtnis. Das Erinnern von Sprache, Bildern und Handlungen*. Göttingen: Hogrefe.

Epstein, M. L. (1980). The relationship of mental imagery and mental rehearsal to performance of a motor task. *Journal of Sport Psychology, 2*, 211-220.

Eysel, U. (1993). Sehen. In R. F. Schmidt (Hrsg.), *Neuro- und Sinnesphysiologie* (S. 263-304). Berlin: Springer.

Fetz, F. (1972). *Bewegungslehre der Leibesübungen*. Frankfurt a.M.: Limpert.

Fetz, F. (1980). *Bewegungslehre der Leibesübungen* (2., völlig überarb. Neuaufl.). Bad Homburg: Limpert.

Fleishman, E. A. (1964). *The structure and measurement of physical fitness*. New York: Prentice Hall.

Fleishman, E. A. (1966). Individual differences in motor learning. In R. M. Gagn (Ed.), *Learning and individual differences* (pp. 165-192). Columbus: Merill.

Fleishman, E. A. (1972). Structure and measurement of psychomotor abilities. In R. N. Singer (Ed.), *The psychomotor domain: movement behaviour* (pp. 78-106). Philadelphia: Lea and Febiger.

Fleishman, E. A. (1975). Toward a taxonomy of human performance. *American Psychologist, 30*, 1127-1149.

Göhner, U. (1979). *Bewegungsanalyse im Sport: ein Bezugssystem zur Analyse sportlicher Bewegungen unter pädagogischen Aspekten*. Schorndorf: Hofmann.

Gregory, R. L. (2001). *Auge und Gehirn. Psychologie des Sehens*. Reinbek: Rowohlt.

Gutewort, W. (1993). Biomechanik sportlicher Bewegungen als eine der naturwissenschaftlichen Grundlagen der Sportwissenschaft. In W. Gutewort, T. Schmalz & T. Weiß (Hrsg.), *Aktuelle Hauptforschungsrichtungen der Biomechanik sportlicher Bewegungen* (S. 39-46). Sankt Augustin: Academia.

Haase, J., Henatsch, H., Jung, R., Strata, P. & Thoden, U. (1976). Sensomotorik. In O. H. Gauer, K. Kramer & R. Jung (Hrsg.), *Physiologie des Menschen* (14. Aufl.). München: Urban & Schwarzenberg.

Hall, C. R., Rodgers, W. M. & Barr, K. A. (1990). The use of imagery by athletes in selected sports. *The Sport Psychologist, 4*, 1-10.

Hasenberg, R. (1996). *Dimensionsanalytische Überlegungen zum Gleichgewicht*. Unveröffentlichtes Manuskript.

Hatze, H. (1976). Eine Fundamentalhypothese der Bewegungslehre des Sports. *Sportwissenschaft, 6* (2), 155-171.

Henry, F. M. (1958). Specificity vs. generality in learning skills. *College Physical Education Proceedings, 61*, 126-128.

Henry, F. M. & Rogers, D. E. (1960). Increased response latency for complicated movements and a „memory drum" theory of neuromotor reaction. *Research Quarterly, 31*, 448-458.

Henry, F. M. (1968). Specificity vs. generality in learning motor skill. In R. C. Brown & G. S. Kenyon (Eds.), *Classical studies on physical activity* (pp. 331-340). New York: Prentice Hall.

Heuer, H. (1985). Wie wirkt mentale Übung? *Psychologische Rundschau, 36* (3), 191-200.

Hinshaw, K. E. (1991). The effects of mental practice on motor skill performance. *Imagination, Cognition and Personality, 11* (1), 3-35.

Hirtz, P. (1964). Zur Bewegungseigenschaft Gewandtheit. *Theorie und Praxis der Körperkultur, 13* (8), 729-735.

Hirtz, P. (1979). *Schwerpunkte der koordinativ-motorischen Vervollkommnung von Kindern und Jugendlichen.* Unveröffentlichte Habilitationsschrift, Ernst-Moritz-Universität Greifswald.

Hirtz, P. (1994). Koordinationstraining. In G. Schnabel, D. Harre & A. Borde (Hrsg.), *Trainingswissenschaft* (S. 309-316). Berlin: Sportverlag.

Hochmuth, G. (1982). *Biomechanik sportlicher Bewegungen.* Berlin: Sportverlag.

Hull, C. L. (1943). *Principles of behavior.* New York: Appleton-Century-Crofts.

Hull, C. L. (1952). *A behavior system.* New Haven: Yale University Press.

Huxley, H. E. (1969). The mechanism of muscular contraction. *Science, 164*, 1356.

Illert, M. (1993). Motorische Systeme. In R. F. Schmidt (Hrsg.), *Neuro- und Sinnesphysiologie* (S. 113-149). Berlin: Springer.

James, W. (1890). *The prinicples of psychology.* New York: Holt.

Jäncke, L. & Heuer, H. (1995). *Interdisziplinäre Bewegungsforschung.* Lengerich: Pabst.

Jessell, T. M. (1996). Das Nervensystem. In E. R. Kandel, J. H. Schwartz & T. M. Jessell (Hrsg.), *Neurowissen-*

schaften (S. 73-91). Heidelberg: Spektrum Akademischer Verlag.

Kandel, E. R. (1996). Zelluläre Grundlagen von Lernen und Gedächtnis. In E. R. Kandel, J. H. Schwartz & T. M. Jessell (Hrsg.), *Neurowissenschaften* (S. 685-695). Heidelberg: Spektrum Akademischer Verlag.

Keele, S. W. (1968). Movement control in skilled motor performance. *Psychological Bulletin, 70* (6), 387-403.

Keele, S. W. (1976). Unpublished observations, University of Oregon.

Kelso, J. A. S., & Tuller, B. (1984). A dynamical basis for action systems. In M. S. Gazzaniga (Ed.), *Handbook of cognitive neuroscience* (pp. 321-356). New York: Plenum.

Klix, F. (1971). *Information und Verhalten*. Bern: Huber.

Kolb, B. & Whishaw, I. Q. (1996). *Neuropsychologie*. Heidelberg: Spektrum Akademischer Verlag.

Konczak, J. (2002). Motorisches Lernen. In H. O. Karnath & P. Thier (Hrsg.), *Neuropsychologie* (S. 669-676). Heidelberg: Springer.

Kuchling, H. (1991). *Taschenbuch der Physik* (13. korr. Aufl.). Leipzig: Fachbuchverlag.

Kupfermann, I. & Kandel, E. R. (1996). Lernen und Gedächtnis. In E. R. Kandel, J. H. Schwartz & T. M. Jessell (Hrsg.), *Neurowissenschaften* (S. 667-684). Heidelberg: Spektrum Akademischer Verlag.

Lashley, K. S. (1917). The accuracy of movement in the absence of excitation form the moving organ. *American Journal of Physiology, 43*, 169-194.

Magill, R. A. (1977). The processing of knowledge of results for a serial motor task. *Journal of Motor Behavior, 9*, 113-118.

Magill, R. A. (1998a). *Motor Learning*. Boston: McGraw-Hill.

Magill, R. A. (1998b). Knowledge is more than we can talk about: Implicit learning in motor skill aquisition. *Research Quarterly for Exercise and Sport, 69*, 104-110.

Magill, R. A. & Hall, K. G. (1990). A Review of the Contextual Interference Effect in motor Skill acquisition. *Human Movement Science, 9*, 241-289.

Mahoney, M. J. & Avener, A. (1977). Psychology of the elite athlete: An exploratory study. *Cognitive Therapy and Research, 1*, 135-141.

Marschall, F. (1992). *Informationsfrequenz und motorisches Lernen. Zur Frage von Häufigkeit und Verteilung ergänzender Feedback-Information bei sportmotorischen Optimierungsprozessen.* Frankfurt a.M.: Peter Lang.

Matthews, P. B. C. (1972). *Mammalian muscle receptors and their central actions*. London: Edward Arnold.

Meinel, K. (1960). *Bewegungslehre: Versuch einer Theorie der sportlichen Bewegung unter pädagogischem Aspekt.* Berlin: Volk und Wissen.

Meinel, K. (1966). *Bewegungslehre: Versuch einer Theorie der sportlichen Bewegung unter pädagogischem Aspekt* (3. Aufl.). Berlin: Volk und Wissen.

Meinel, K. & Schnabel, G. (Hrsg.). (1998). *Bewegungslehre - Sportmotorik: Abriß einer Theorie der sportlichen Motorik unter pädagogischem Aspekt* (9. stark überarb. Aufl.). Berlin: Sportverlag.

Menzel, R. (1996). Neuronale Plastizität, Lernen und Gedächtnis. In J. Dudel, R. Menzel & R. F. Schmidt (Hrsg.), *Neurowissenschaft* (S. 485-518). Berlin: Springer.

Müller, A. F. (Hrsg.). (1986). *Biomechanik des Hochsprungs*. Stuttgart: Enke.

Nashner, L. M. (1977). Fixed patterns of rapid postural responses among leg muscles during stance. *Experimental Brain Research, 30* (1), 13-24.

Nashner, L. M. & McCollum, G. (1985). The organisation of human postural movements: a formal basis and experimental synthesis. *Behaviour and Brain Science, 8* (1), 135-172.

Nashner, L. M. & Woollacott, M. (1979). The organisation of rapid postural adjustments of standing humans: an experimental conceptual model. In R. E. Talbott & D. R.

Humphrey (Eds.), *Posture and Movement* (pp. 243-257). New York: Raven Press.

Nigg, B. (1973). Messungen im Weitsprung an Weltklassespringern. *Leistungssport, 3* (4), 265.

Olivier, N. (1997). Soll das motorische Gleichgewicht fähigkeits- oder fertigkeitsspezifisch trainiert werden? In P. Hirtz & F. Nüske (Hrsg.), *Bewegungskoordination und sportliche Leistung integrativ betrachtet* (S. 187-191). Hamburg: Czwalina.

Panzer, S. (2000). *Motorisches Lernen und Selbsteinschätzung.* Lengerich: Pabst.

Pawlow, I. P. (1927). *Conditioned reflexes.* London: Oxford University Press.

Polit, A. & Bizzi, L. (1978). Processes controlling arm movements in monkeys. *Science, 201*, 1235-1237.

Polit, A. & Bizzi, L. (1979). Characteristics of motor programs underlying arm movements in monkeys. *Journal of Neurophysiology, 42*, 183-194.

Preiß, R. (1988). Biomechanische Merkmale. In R. Ballreich & W. Baumann (Hrsg.), *Grundlagen der Biomechanik des Sports. Probleme Methoden Modelle* (S. 55-75). Stuttgart: Enke.

Reiser, M. (1992). *Zum Einfluß von Art und Frequenz von Videoinformationen auf das Erlernen einer großmotorischen Ganzkörperbewegung.* Unveröffentlichte Diplomarbeit, Universität des Saarlandes Saarbrücken.

Richardson, A. (1967a). Mental Practice: A Review and Discussion, Part I. *Research Quarterly, 38* (1), 95-107.

Richardson, A. (1967b). Mental Practice: A Review and Discussion, Part II. *Research Quarterly, 38* (2), 263-273.

Rockmann, U. (1999). Zum Einsatz „neuer" Medien. In J. Wiemeyer (Hrsg.), *dvs-Protokoll, gemeinsame Tagung der Sektionen Sportmotorik, Trainingswissenschaft, Biomechanik, Darmstadt 1998* (S. 346-350). Hamburg: Czwalina.

Rockmann, U. & Thielke, S. (2000). Lernleistungen und Lernstrategien beim Arbeiten mit Hypermedia. In J. Perl

(Hrsg.), *Sport und Informatik VIII* (S. 99-112). Köln: Sport und Buch Strauß.

Rockmann, U. & Thielke, S. (2002). Der Computer macht Handstand: Träume – Potentiale – Realisierungen. In M. Kolb, M. Lames & B. Strauß (Hrsg.), *Sport-goes-media.de* (S. 135-152). Schorndorf: Hofmann.

Rockmann, U., Thielke, S. & Seyda, M. (2003). Analysis of the learning results of experts and novices using the hypermedia software RACE. *International Journal of Computer Science in Sport*. Zugriff am 1. Mai 2003 unter http://www.iacss.org/ijcss/iacss_ijcss.html

Roth, K. (1982). *Strukturanalyse koordinativer Fähigkeiten*. Bad Homburg: Limpert.

Roth, K. (1988). Motorisches Lernen. In K. Willimczik & K. Roth (Hrsg.), *Bewegungslehre* (S. 141-239). Reinbek: Rowohlt.

Roth, K. & Willimczik, K. (Hrsg.). (1999). *Bewegungswissenschaft*. Reinbek: Rowohlt.

Rüdel, R. (1993). Muskelphysiologie. In R. F. Schmidt (Hrsg.), *Neuro- und Sinnesphysiologie* (S. 85-112). Berlin: Springer.

Schmidt, R. A. (1975). A schema theory of discrete motor skill learning. *Psychological Review, 82* (4), 225-260.

Schmidt, R. A. (1976). Control processes in motor skills. *Exercise and Sport Sciences Reviews, 4*, 229-261.

Schmidt, R. A. (1982). *Motor control and learning: a behavioral emphasis*. Champaign: Human Kinetics.

Schmidt, R. A. (1988). *Motor control and learning: a behavioral emphasis* (2nd ed.). Champaign: Human Kinetics.

Schmidt, R. A. (1990). *Eine Schematheorie über das Lernen diskreter motorischer Fertigkeiten* (übersetzt und hrsg. von P. Kaul & K.W. Zimmermann). Kassel: Gesamthochschul-Bibliothek.

Schmidt, R. A. & Lee, T. D. (1999). *Motor control and learning: a behavioral emphasis* (3rd ed.). Champaign: Human Kinetics.

Schnabel, G. (1977). Die Bewegungskoordination - Grundablauf und Erscheinungsformen in der Bewegungstätigkeit des Sportlers. In K. Meinel & G. Schnabel (Hrsg.), *Bewegungslehre: Abriß einer Theorie der sportlichen Motorik unter pädagogischem Aspekt* (2. Aufl., S. 59-220). Berlin: Volk und Wissen.

Schnabel, G. (1987a). Allgemeine Bewegungsmerkmale als Ausdruck der Bewegungskoordination. In K. Meinel & G. Schnabel (Hrsg.), *Bewegungslehre - Sportmotorik: Abriß einer Theorie der sportlichen Motorik unter pädagogischem Aspekt* (8., stark überarb. Aufl., S. 90-171). Berlin: Volk und Wissen.

Schnabel, G. (1987b). Bewegungskoordination als Regulation der Bewegungstätigkeit. In K. Meinel & G. Schnabel (Hrsg.), *Bewegungslehre – Sportmotorik: Abriß einer Theorie der sportlichen Motorik unter pädagogischem Aspekt* (8., stark überarb. Aufl., S. 50-89). Berlin: Volk und Wissen.

Schnabel, G. (1998a). Allgemeine Bewegungsmerkmale als Ausdruck der Bewegungskoordination. In K. Meinel & G. Schnabel (Hrsg.), *Bewegungslehre – Sportmotorik: Abriß einer Theorie der sportlichen Motorik unter pädagogischem Aspekt* (9., stark überarb. Aufl., S. 74-145). Berlin: Sportverlag.

Schnabel, G. (1998b). Bewegungskoordination als Regulation der Bewegungstätigkeit. In K. Meinel & G. Schnabel (Hrsg.), *Bewegungslehre – Sportmotorik: Abriß einer Theorie der sportlichen Motorik unter pädagogischem Aspekt* (9., stark überarb. Aufl., S. 33-73). Berlin: Sportverlag.

Schnabel, G. (1998c). Motorisches Lernen. In K. Meinel & G. Schnabel (Hrsg.), *Bewegungslehre – Sportmotorik: Abriß einer Theorie der sportlichen Motorik unter pädagogischem Aspekt* (9., stark überarb. Aufl., S. 146-205). Berlin: Sportverlag.

Shapiro, D. C. & Schmidt, R. A. (1982). The schema theory: Recent evidence and developmental implications. In J. A. S. Kelso & J. E. Clark (Eds.), *The development of movement control and coordination* (pp. 113-150). New York: Wiley.

Shapiro, D. C., Zernicke, R. F., Gregor, R. J. & Diestal, J. D. (1981). Evidence for generalized motor programs using gait-pattern analysis. *Journal of Motor Behaviour, 13*, 33-47.

Slater-Hammel, A. T. (1960). Reliability, Accuracy and Refractoriness of Transit Reaction. *Research Quarterly, 31* (2), 217-228.

Spada, H., Ernst, A. M. & Ketterer, W. (1992). Klassische und operante Konditionierung. In H. Spada (Hrsg.), *Lehrbuch Allgemeine Psychologie* (S. 323-372). Bern: Huber.

Start, K. B. & Richardson, A. (1964). Imagery and Mental Practice. *The British Journal of educational psychology, 34*, 280-284.

Tamboer, J. W. J. (1994). *Philosophie der Bewegungswissenschaften*. Butzbach: Afra.

Terzuolo, C. A. & Viviani, P. (1979). The central representation of learning motor programs. In R. E. Talbott & D. R. Humphrey (Eds.), *Posture and movement* (pp. 113-121). New York: Raven Press.

Ungerleider, S. & Golding, J. M. (1991). Mental Practice among olympic athelets. *Perceptual and Motor Skills, 72*, 1007-1077.

Van Rossum, J. H. A. (1990). Schmidt's schema theory: the empirical base of the variability of practice hypothesis. A critical analysis. *Human Movement Science, 9*, 387-435.

Volpert, W. (1976). *Optimierung von Trainingsprogrammen*. Lollar: Andreas Achenbach.

Watson, J. B. & Rayner, R. (1920). Conditioned emotional reactions. *Journal of Experimental Psychology, 3*, 1-14.

Weidenmann, B. (1993). Psychologie des Lernens mit Medien. In B. Weidenmann, A. Krapp, M. Hofer, G. L. Huber & H. Mandl (Hrsg.), *Pädagogische Psychologie: ein Lehrbuch* (3. Aufl., S. 493-554). Weinheim: Beltz.

Weinert, F. E., Schneider, W. & Beckmann, J. (1991). Fähigkeitsunterschiede, Fertigkeitstraining und Leistungsniveau. In R. Daugs, H. Mechling, K. Blischke & N.

Olivier (Hrsg.), *Sportmotorisches Lernen und Techniktraining* (S. 33-52). Schorndorf: Hofmann.

Whitley, J. D. (1970). Effects of practice distribution on learning a fine motor task. *Research Quarterly, 41*, 576-583.

Wiemeyer, J. (1997). *Bewegungslernen im Sport*. Darmstadt: Wissenschaftliche Buchgesellschaft.

Williams, I. D. & Rodney, M. (1978). Intrinsic feedback, interpolation, and the closed-loop-theory. *Journal of Motor Behavior, 10*, 25-36.

Winstein, C. J. & Schmidt, R. A. (1990). Reduced Frequency of knowledge of results enhances motor skill learning. *Journal of Experimental Psychology, 16*, 677-691.

Zenner, H.-P. (1993). Gleichgewicht. In R. F. Schmidt (Hrsg.), *Neuro- und Sinnesphysiologie* (S. 329-344). Berlin: Springer.

Zimmermann, K. (1987). Koordinative Fähigkeiten und Beweglichkeit. In K. Meinel & G. Schnabel (Hrsg.), *Bewegungslehre - Sportmotorik: Abriß einer Theorie der sportlichen Motorik unter pädagogischem Aspekt* (8. stark überarb. Aufl., S. 242-274). Berlin: Volk und Wissen.

Personenregister

Sachregister

A